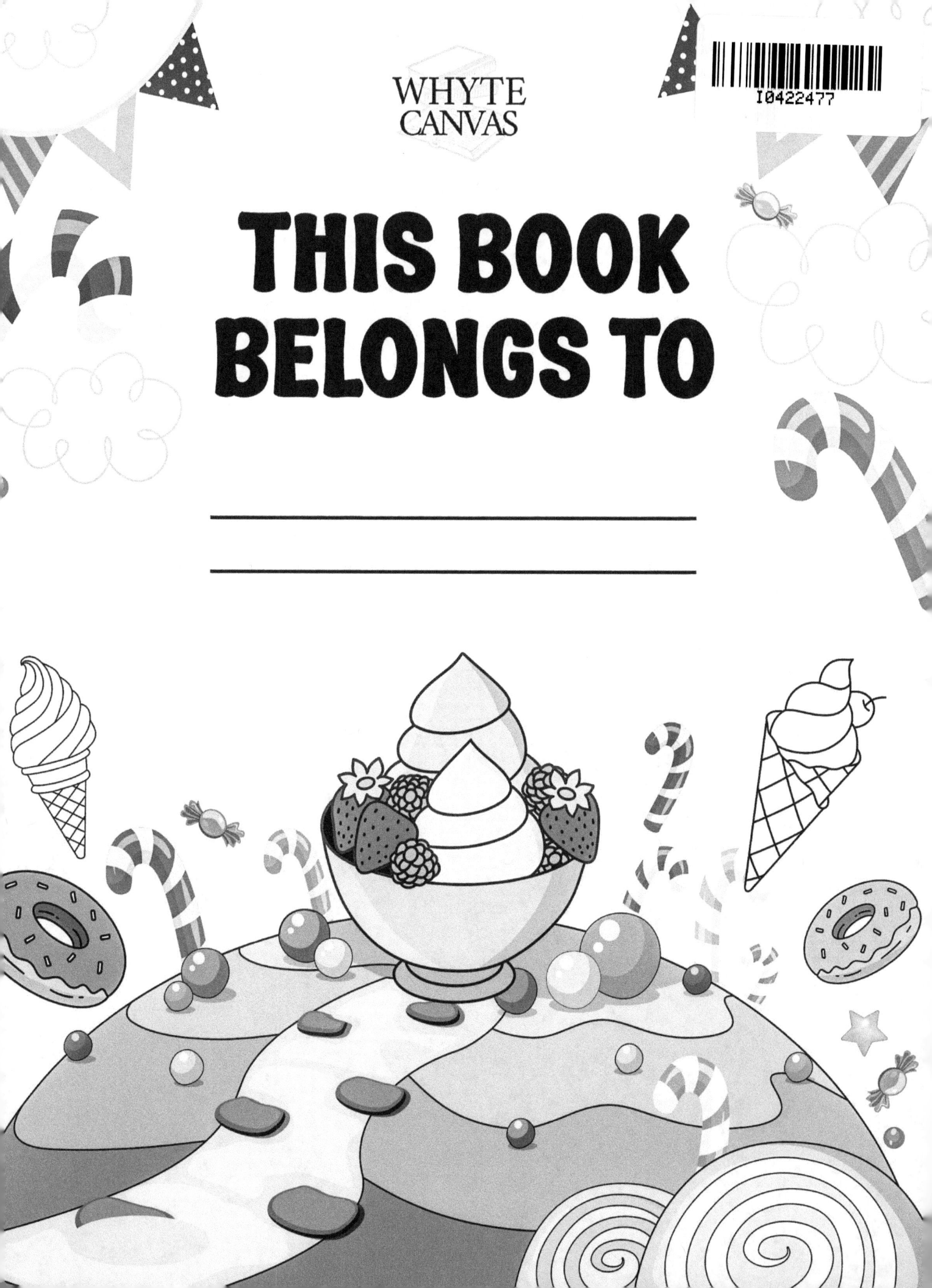

WHYTE CANVAS

THIS BOOK BELONGS TO

_____

_____

About Whyte Canvas LLC

Whyte Canvas Books is a small owned business that specializes in hand-drawn coloring books. Each page is lovingly crafted, offering a canvas for creativity to flourish. Whether you're a child discovering the joy of coloring or an adult seeking relaxation, our books provide a unique outlet for expression. With every stroke of color, our pages come alive, inviting you into a world of imagination and artistry.

WHYTE
CANVAS

If you are using markers, we recommend putting a protective sheet behind the page you are coloring!

WHYTE CANVAS

Thank you for choosing our coloring book!

Your support means the world to us. We hope you enjoy the intricate designs and joyful creativity within these pages. Your feedback is invaluable to us, so if you loved your experience with our book, we would greatly appreciate it if you could take a moment to leave an honest review on Amazon. Your thoughts will help others discover the joy of coloring and encourage us to keep creating beautiful content. For more captivating designs and updates,

visit us at
www.whytecanvasbooks.com
Happy coloring!

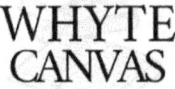

WHYTE
CANVAS

Color Test Page

Coloring Check List

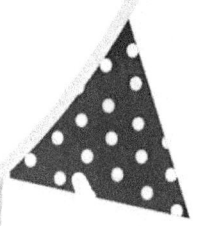
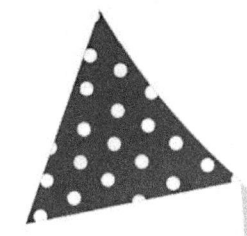

O Root Beer Float

O Cherry Cake

O Cupcake

O Ice-cream

O Cherry Pie

O Bowl of Ice-cream

O Pie

O Popsicles

O Candy Canes

O Milkshake

O Lollipop

O Macarons

O Ice-cream Sundae

O Birthday Cake

O Cupcake

O Strawberry Cake

O Fruit

O Pancakes

O Cherry Ice-cream

O Apple Pie

O Donut

O Chocolate Bar

O Bubble Tea

O Hot Cocoa

O Fruit Popsicle

O Cinnamon Roll

O S'mores

O Muffin

O Gingerbread Man

O Gingerbread House

O Gumballs

O Cookie Jar

O Jell-O

O Triple Scoop Ice-Cream

O Cake

O Snow cone

O Cotton Candy

O Wedding Cake

O Halloween Candy

O Jam

O Cheesecake

O Strawberry Milkshake

O Frozen Yogurt

O Caramel Apples

O Soft serve Ice-cream

O Pop-tarts

O Pumpkin Pie

O Waffles

O Tea

O Lemonade

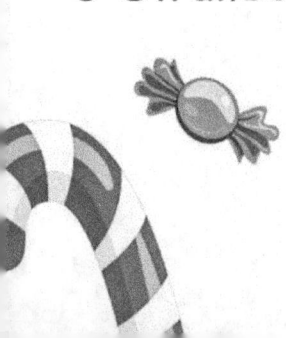

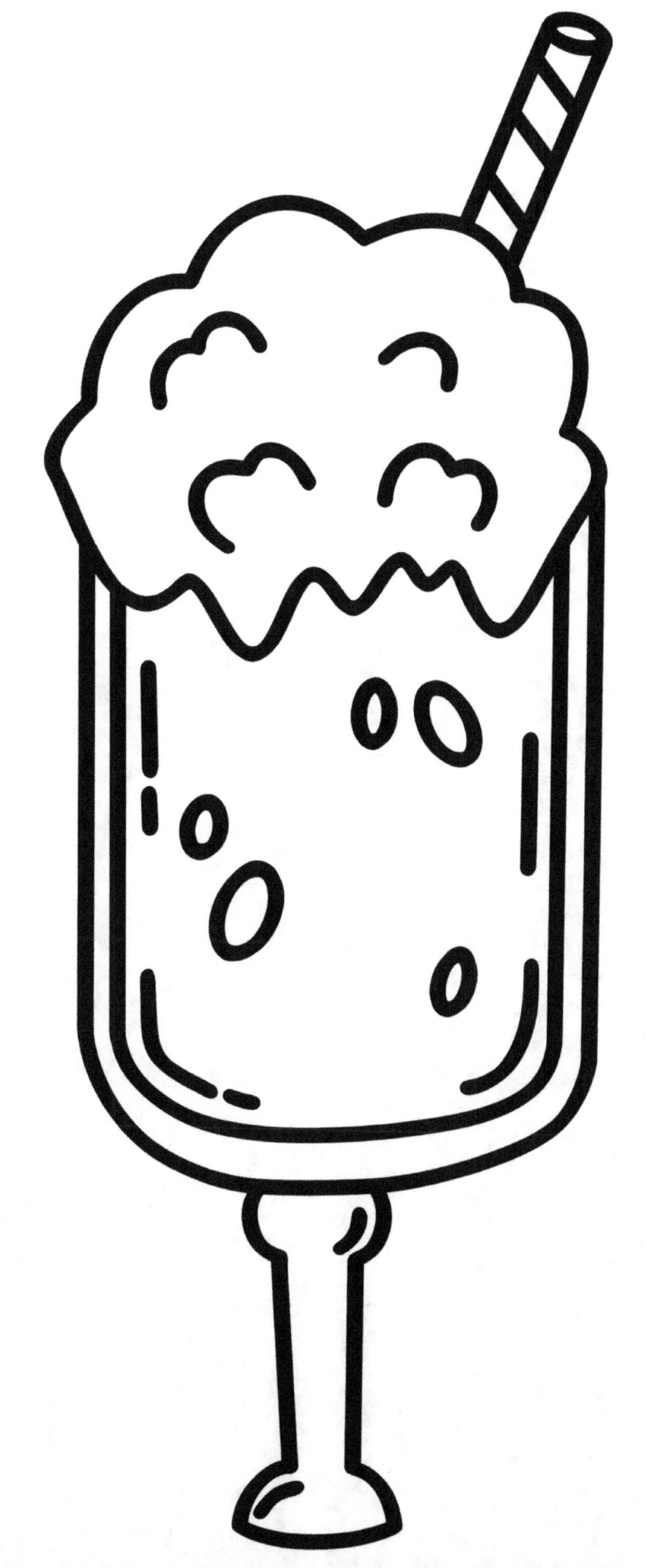

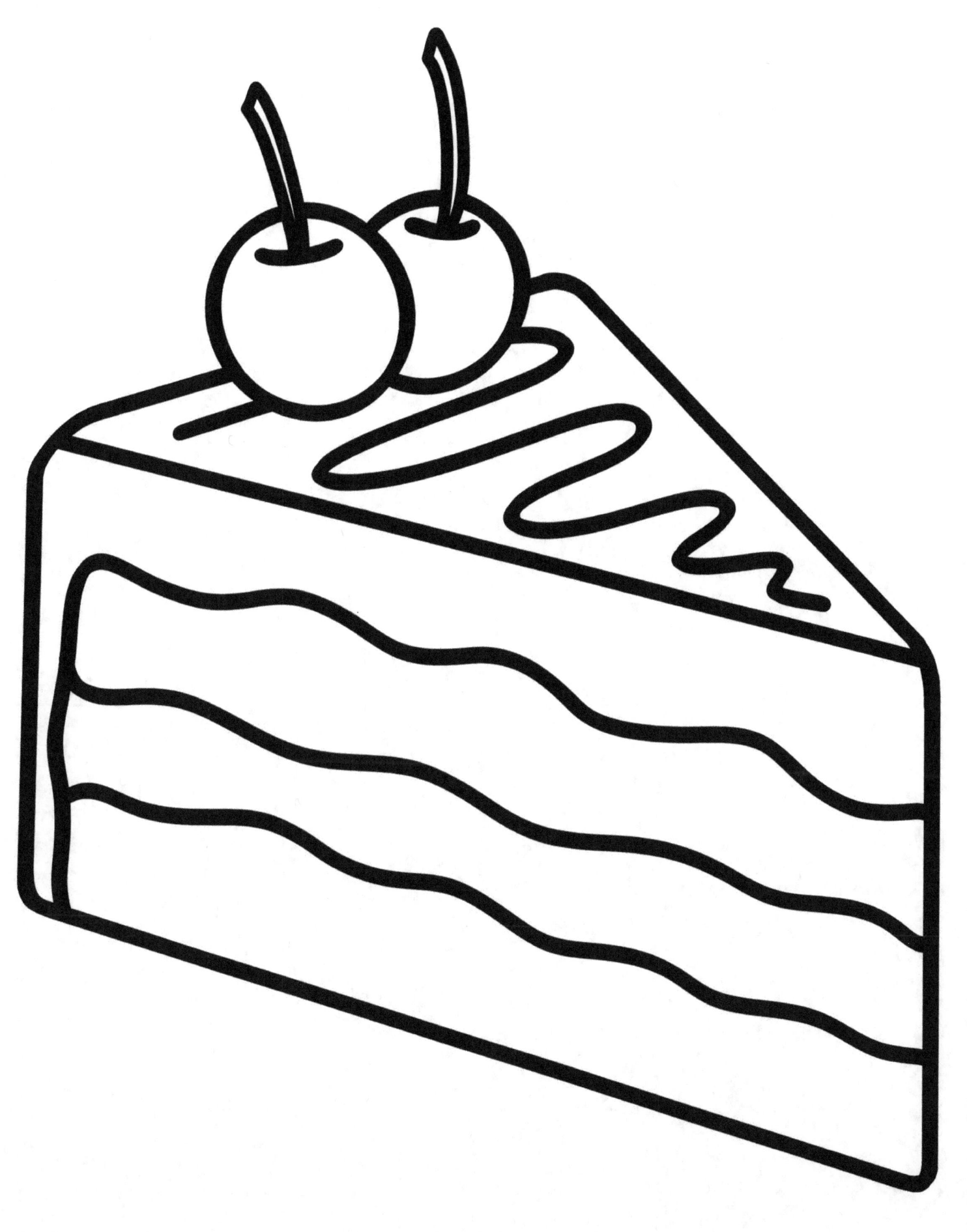

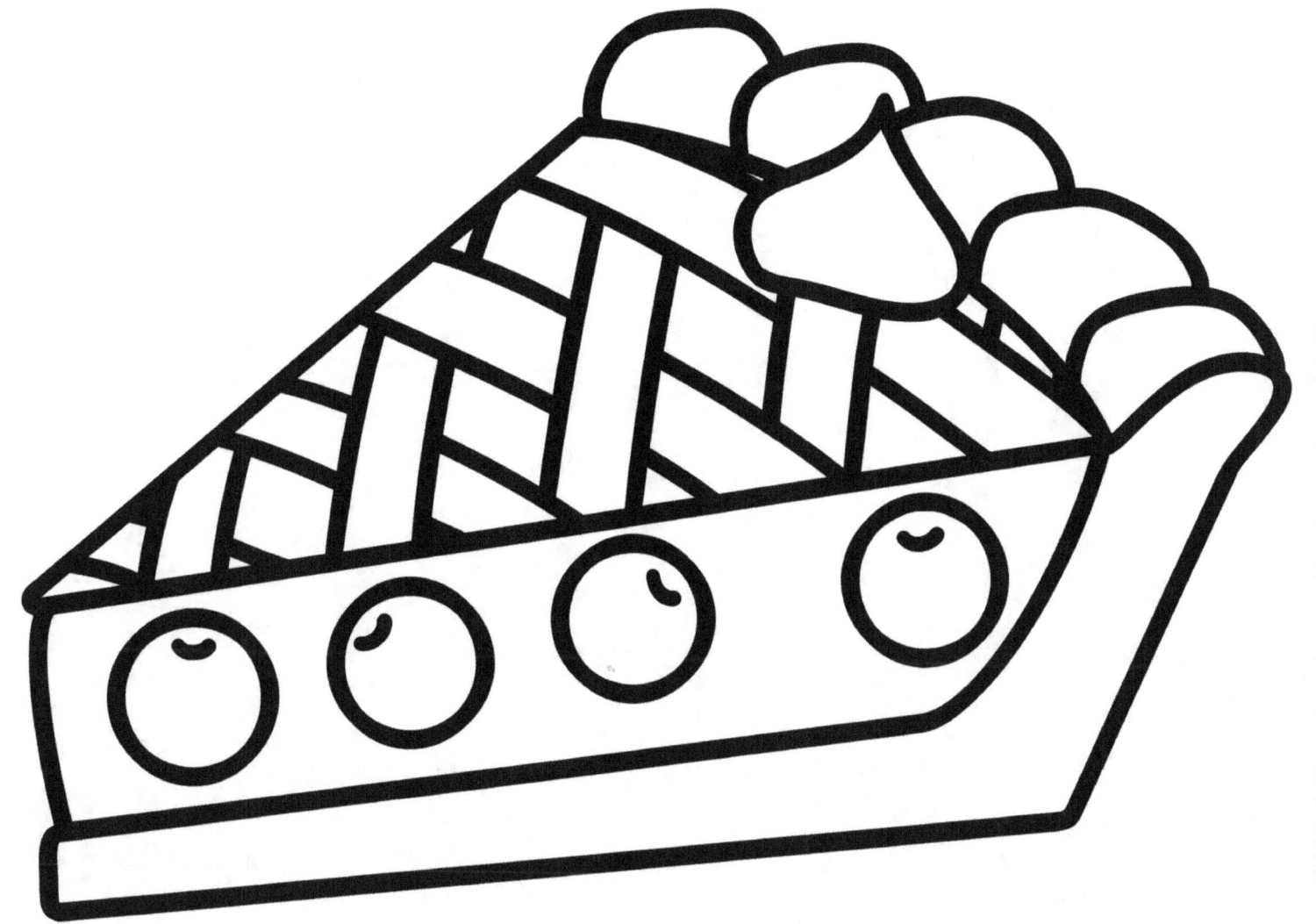

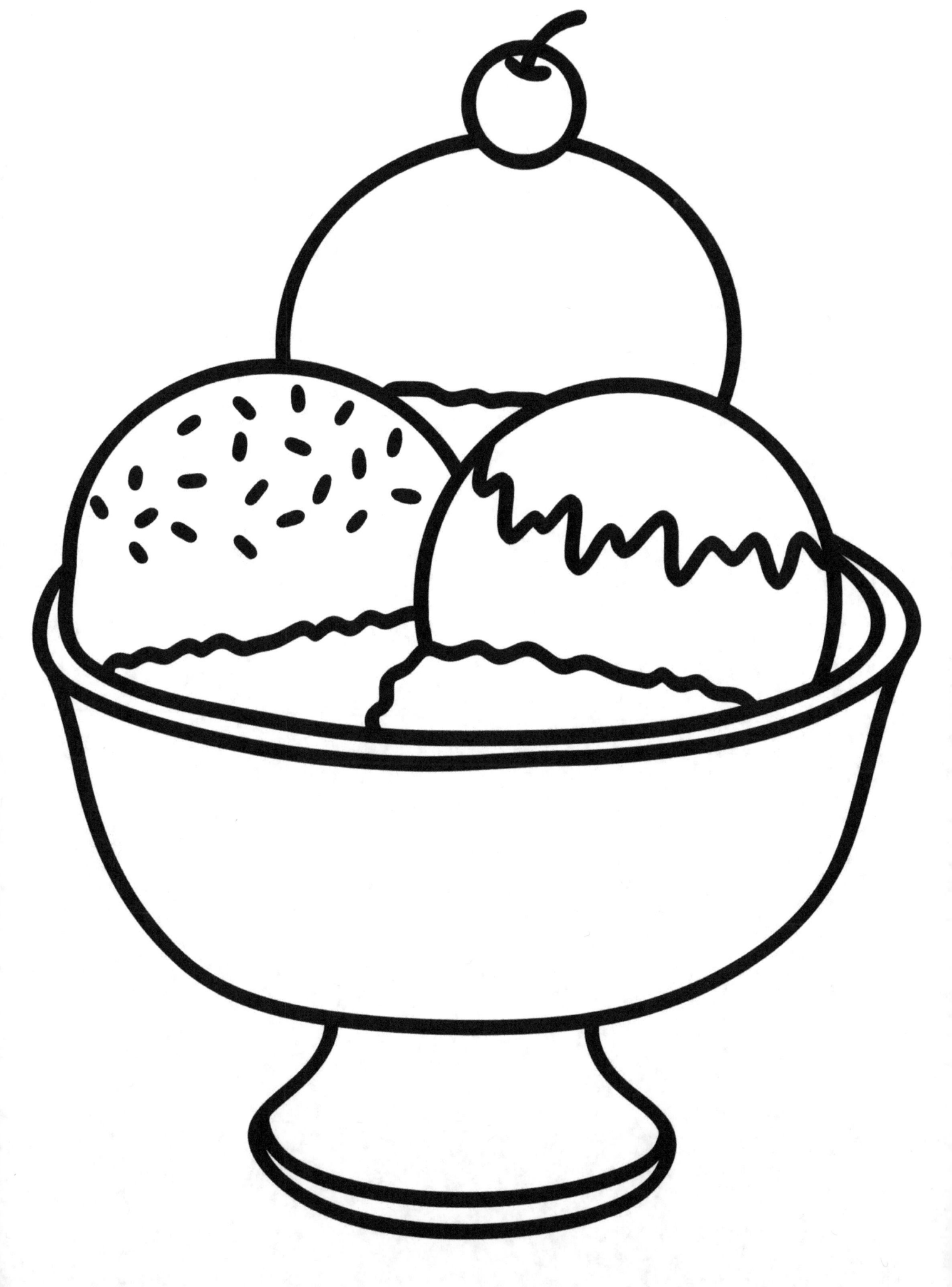

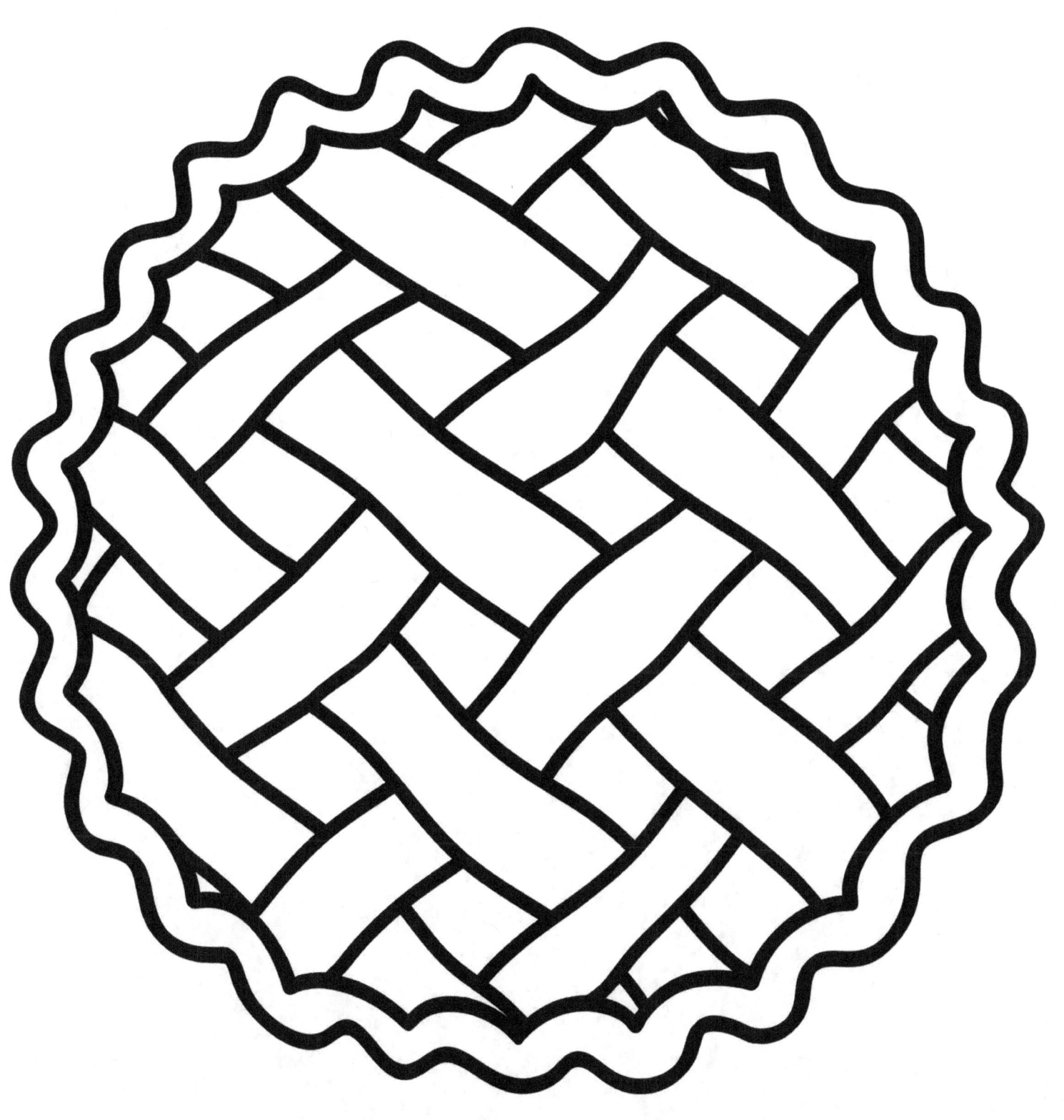

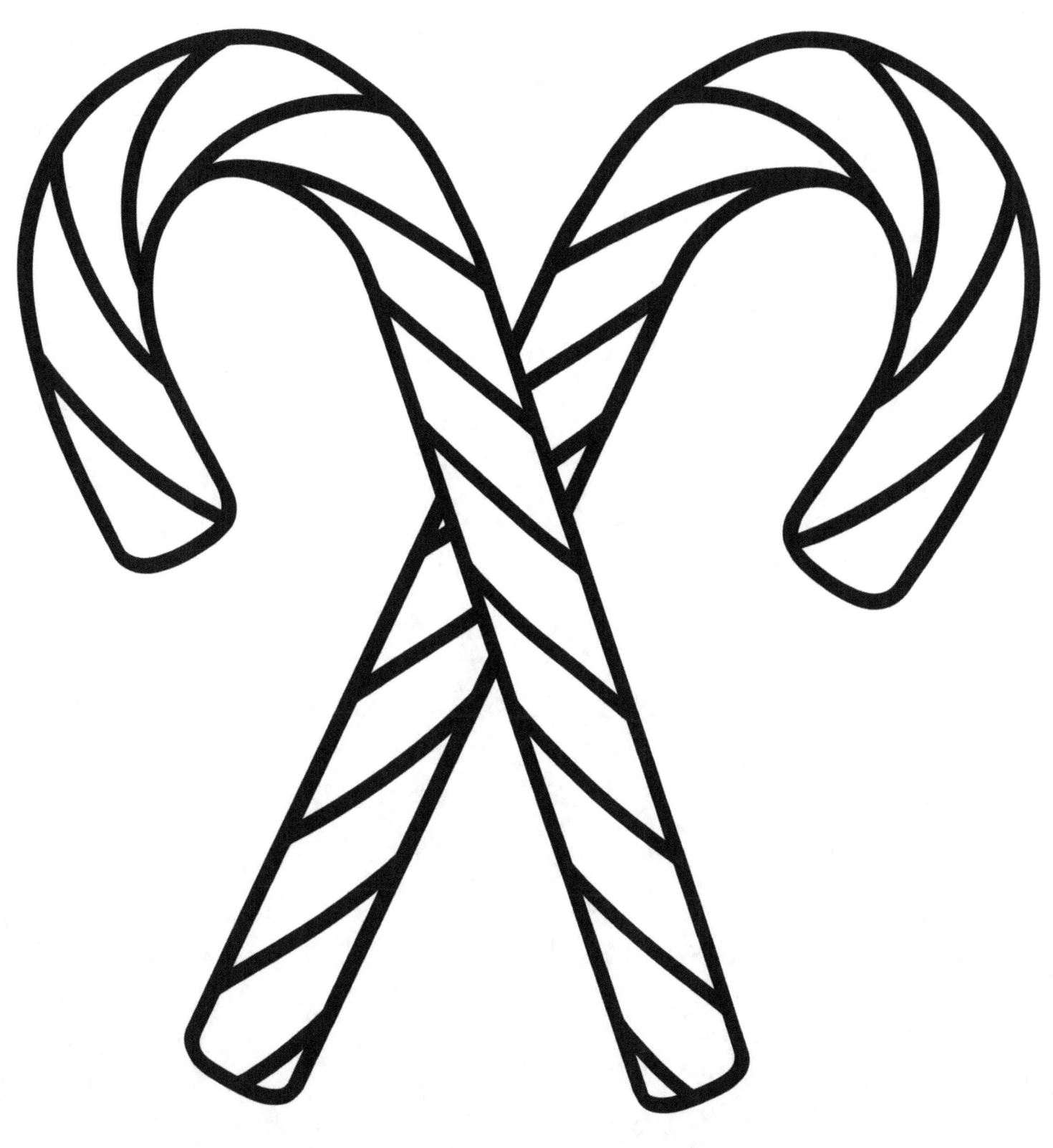

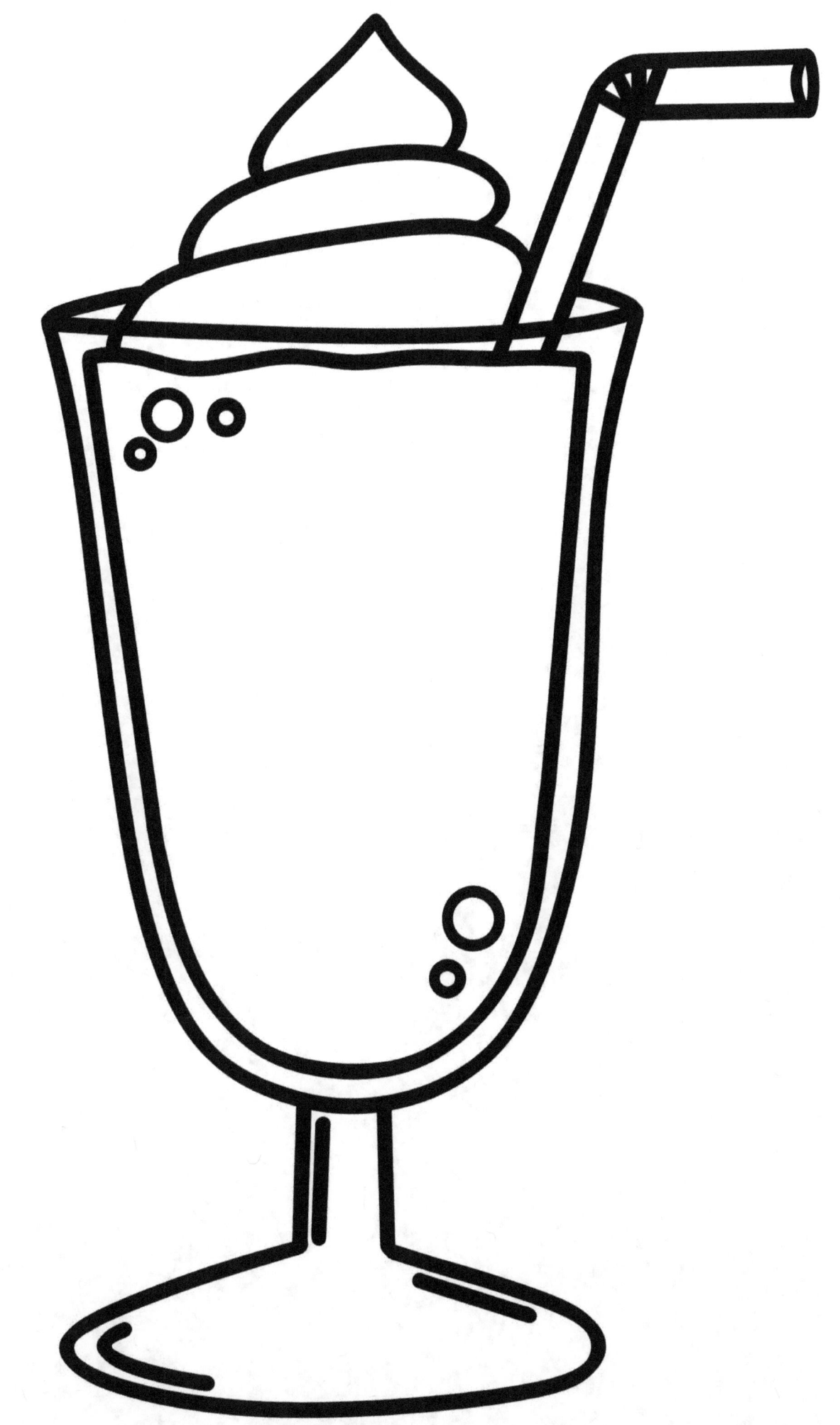

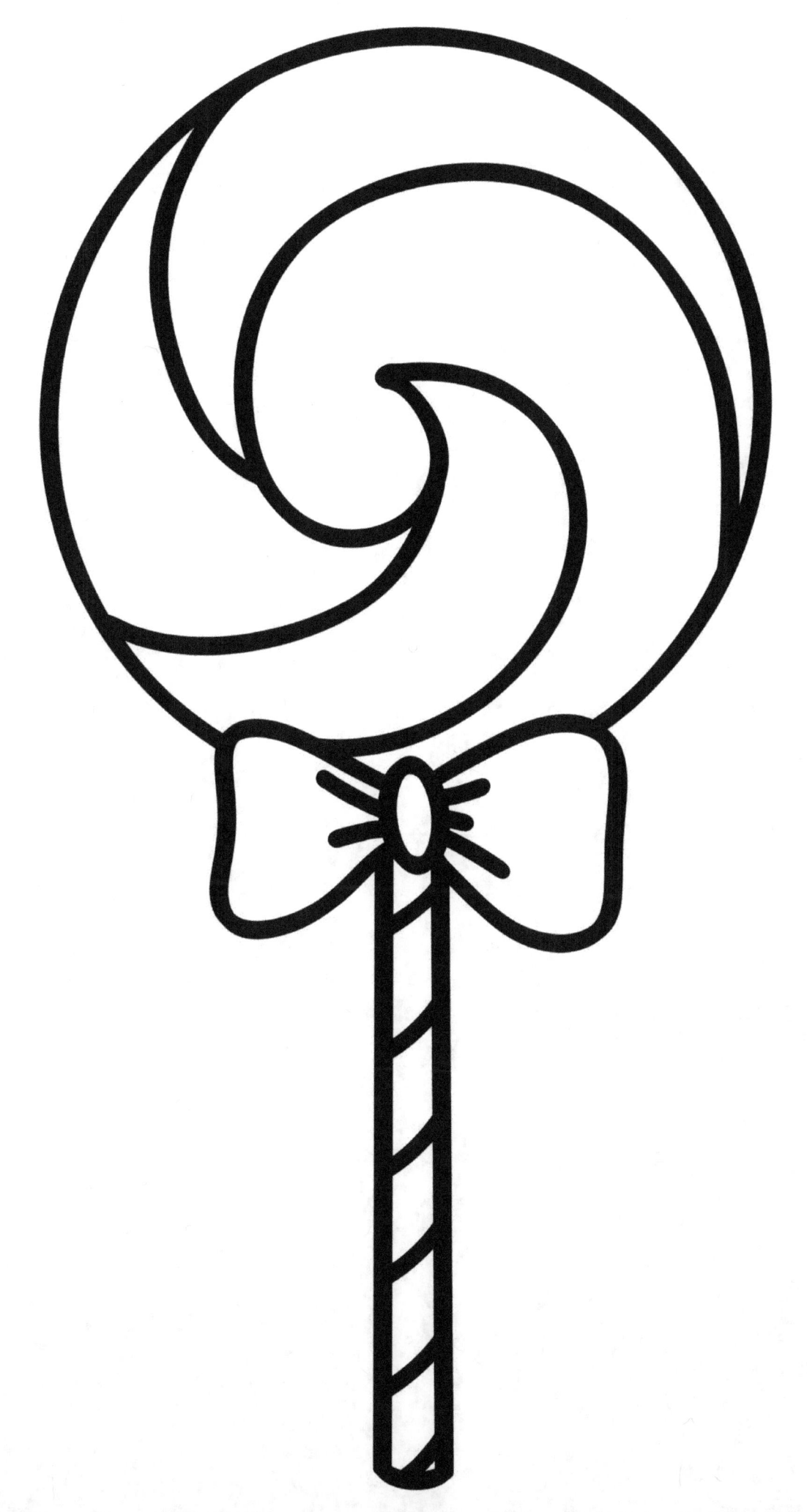

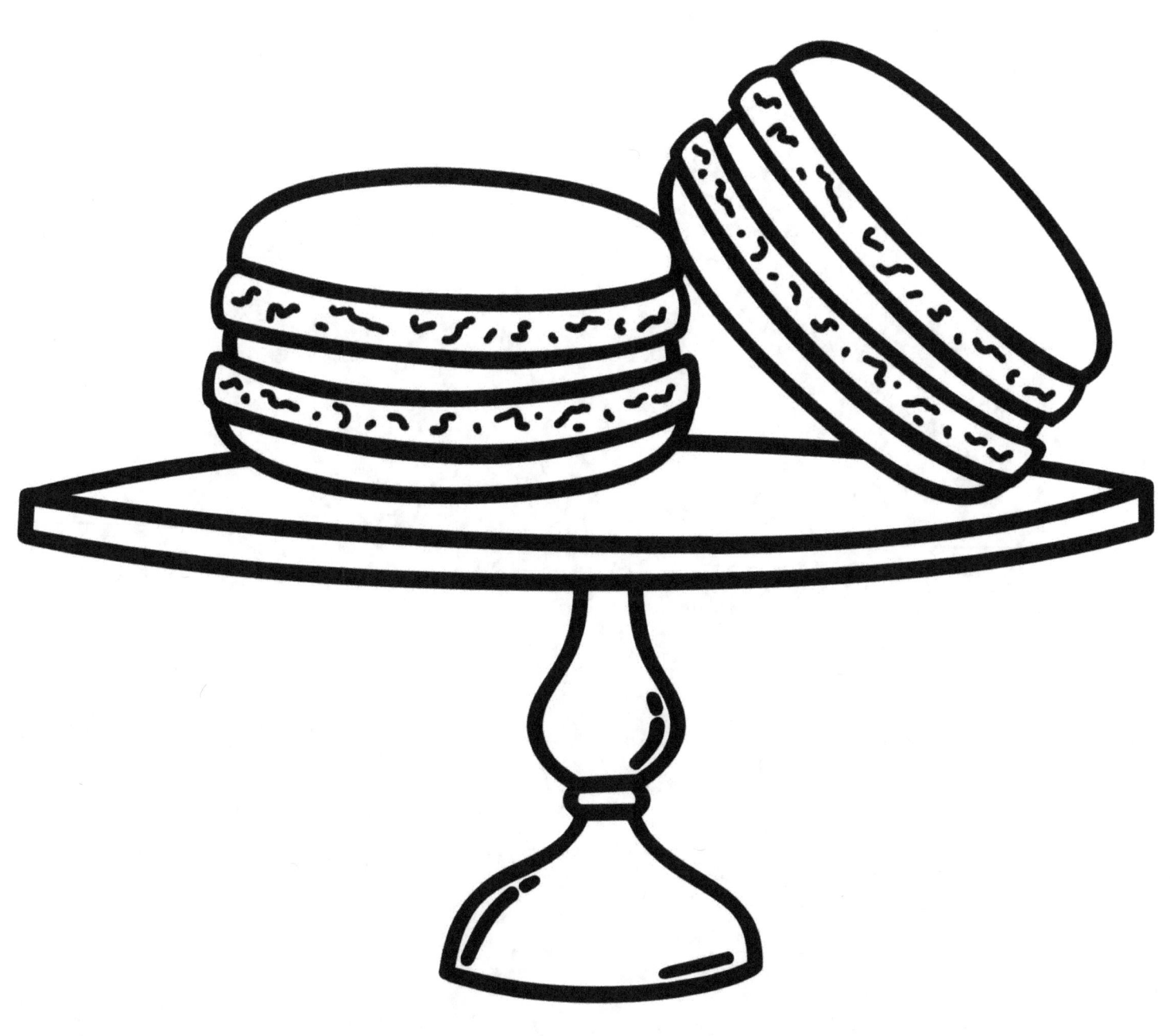

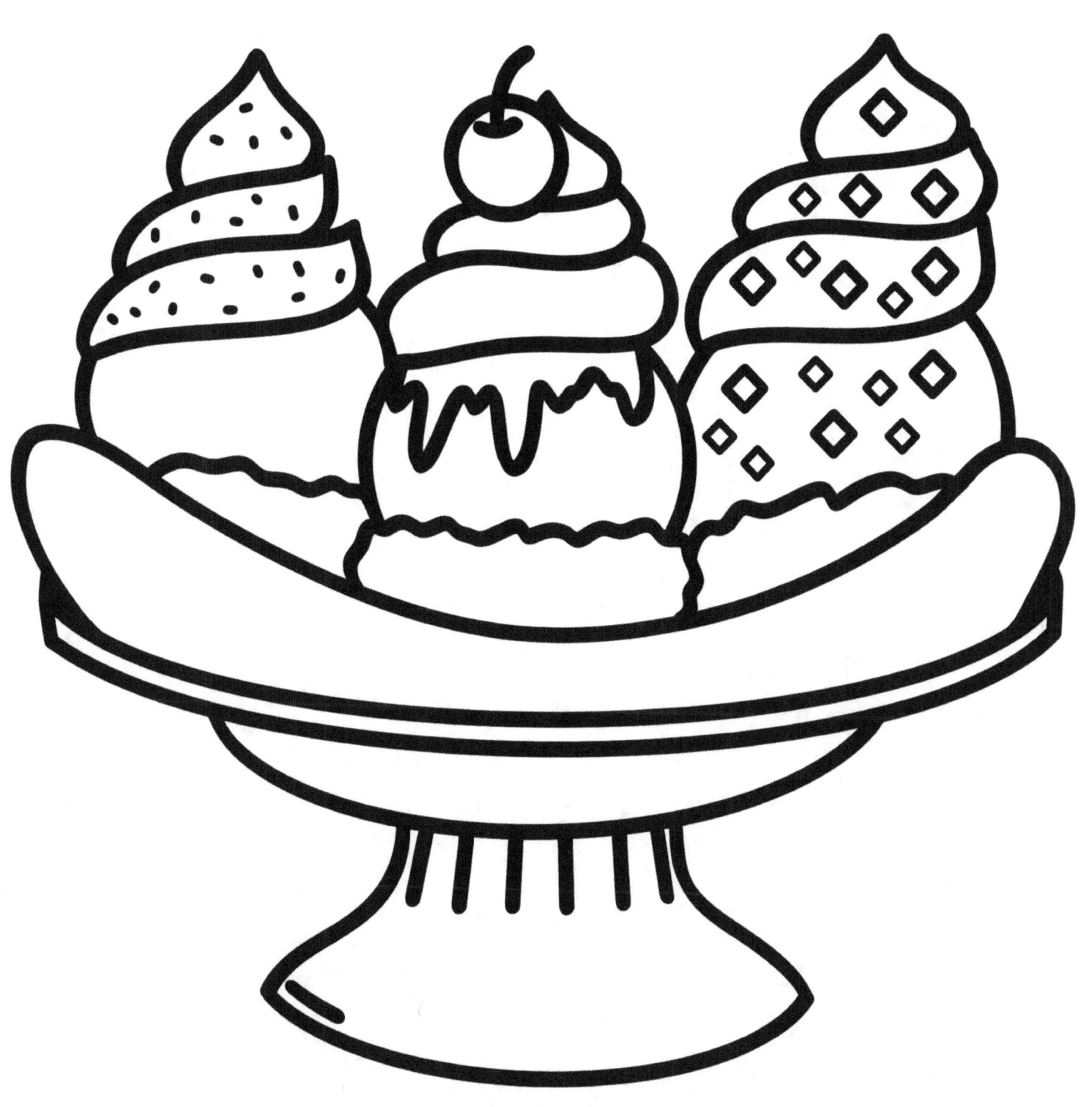

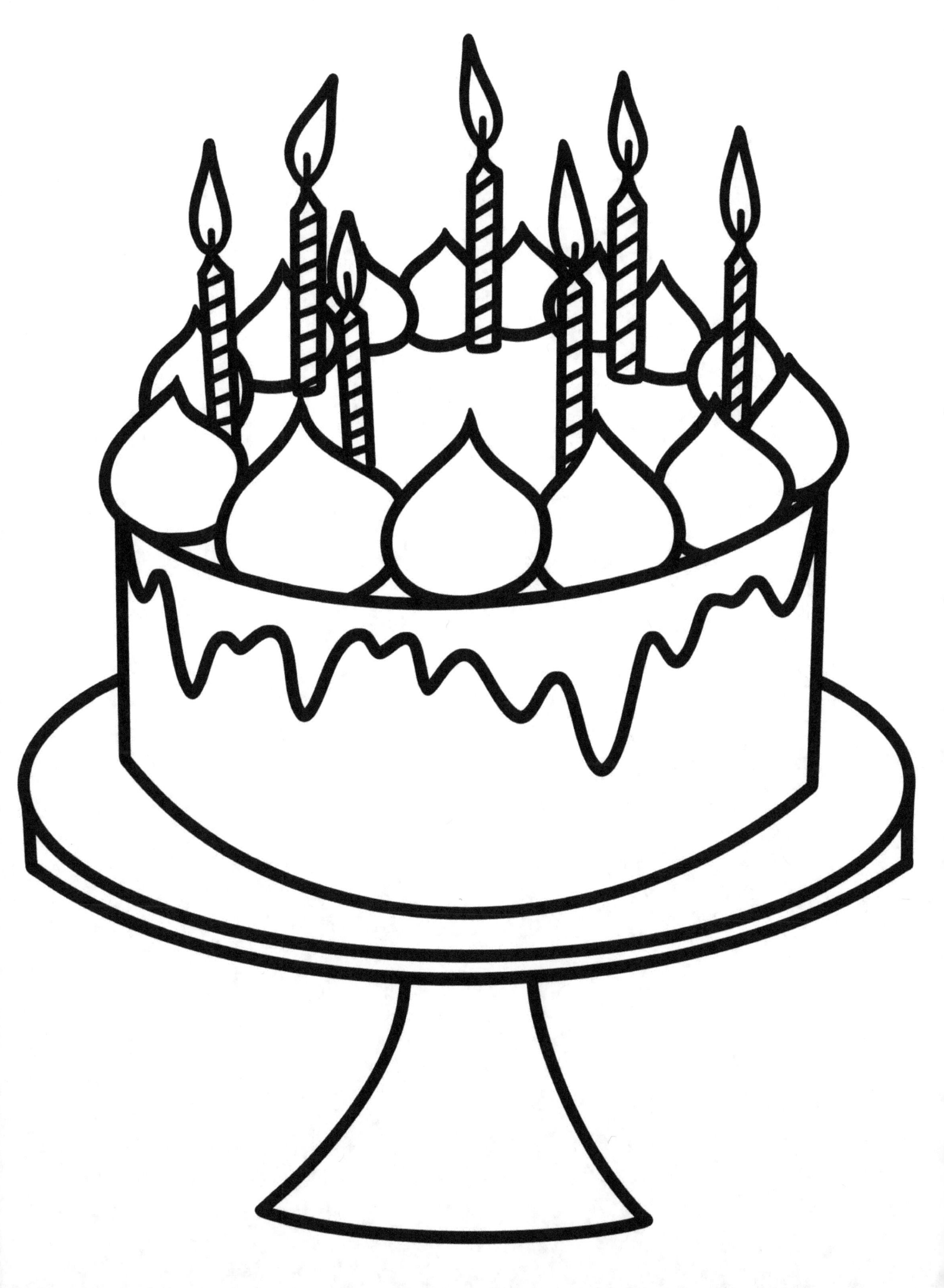

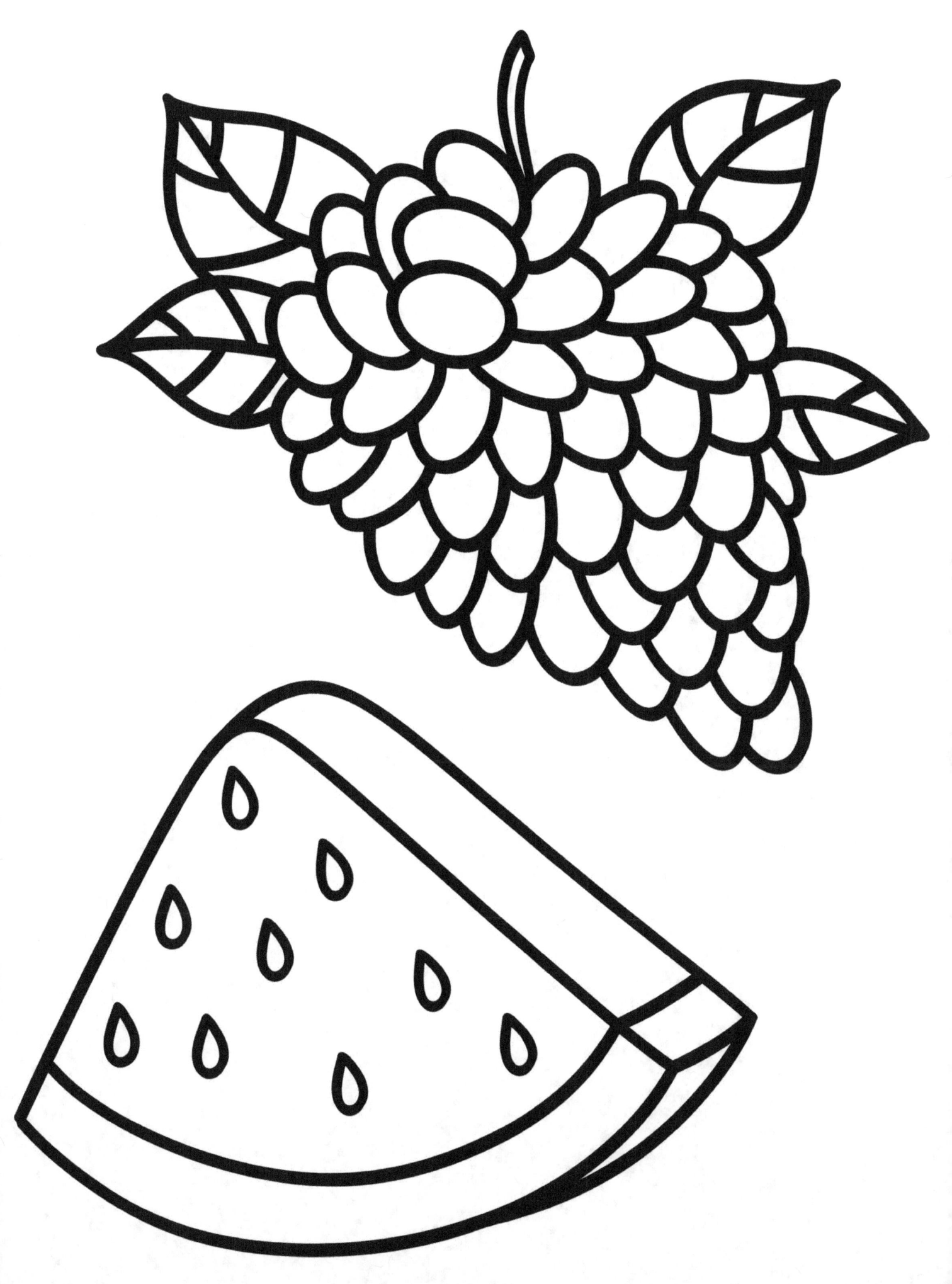

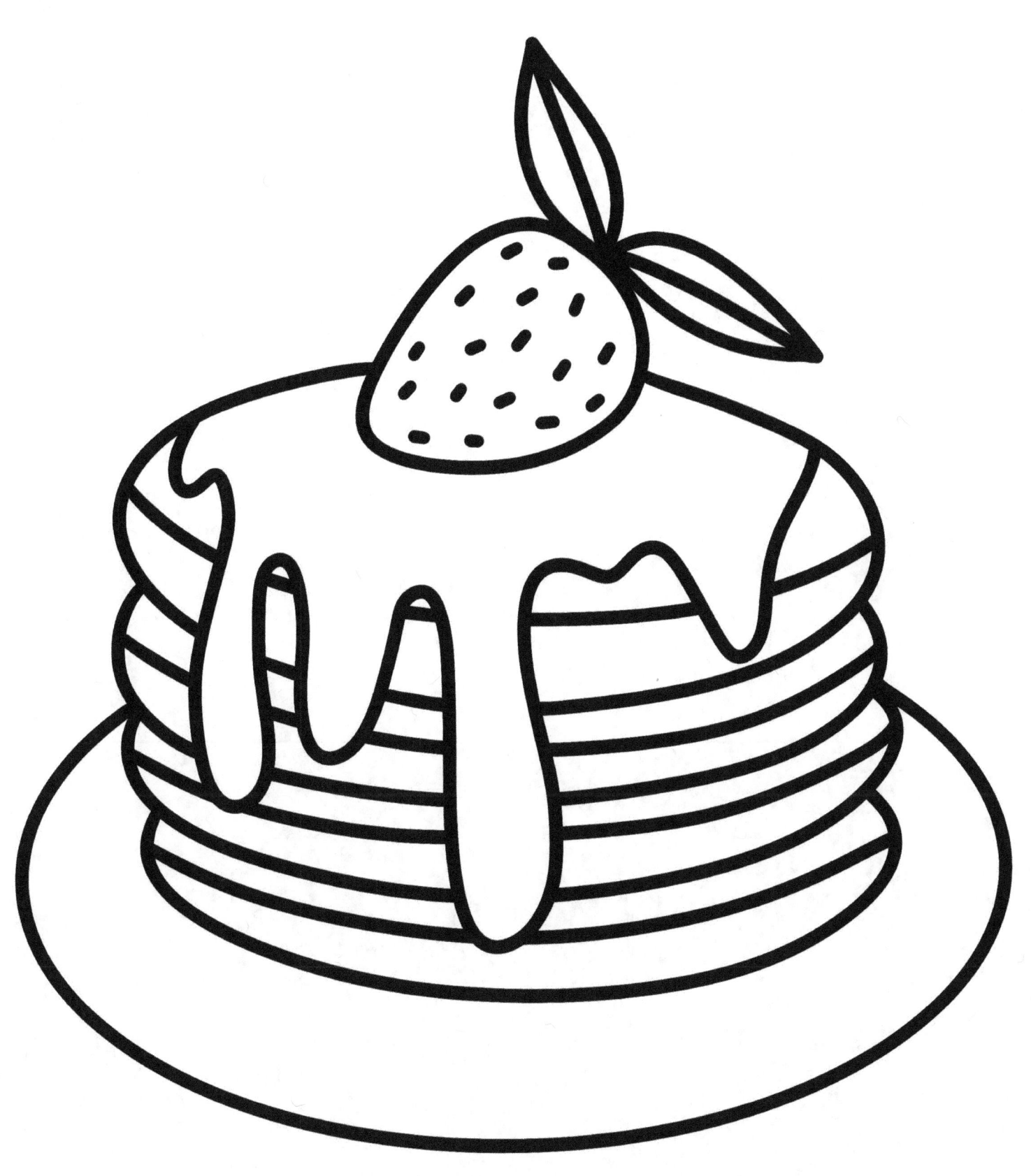

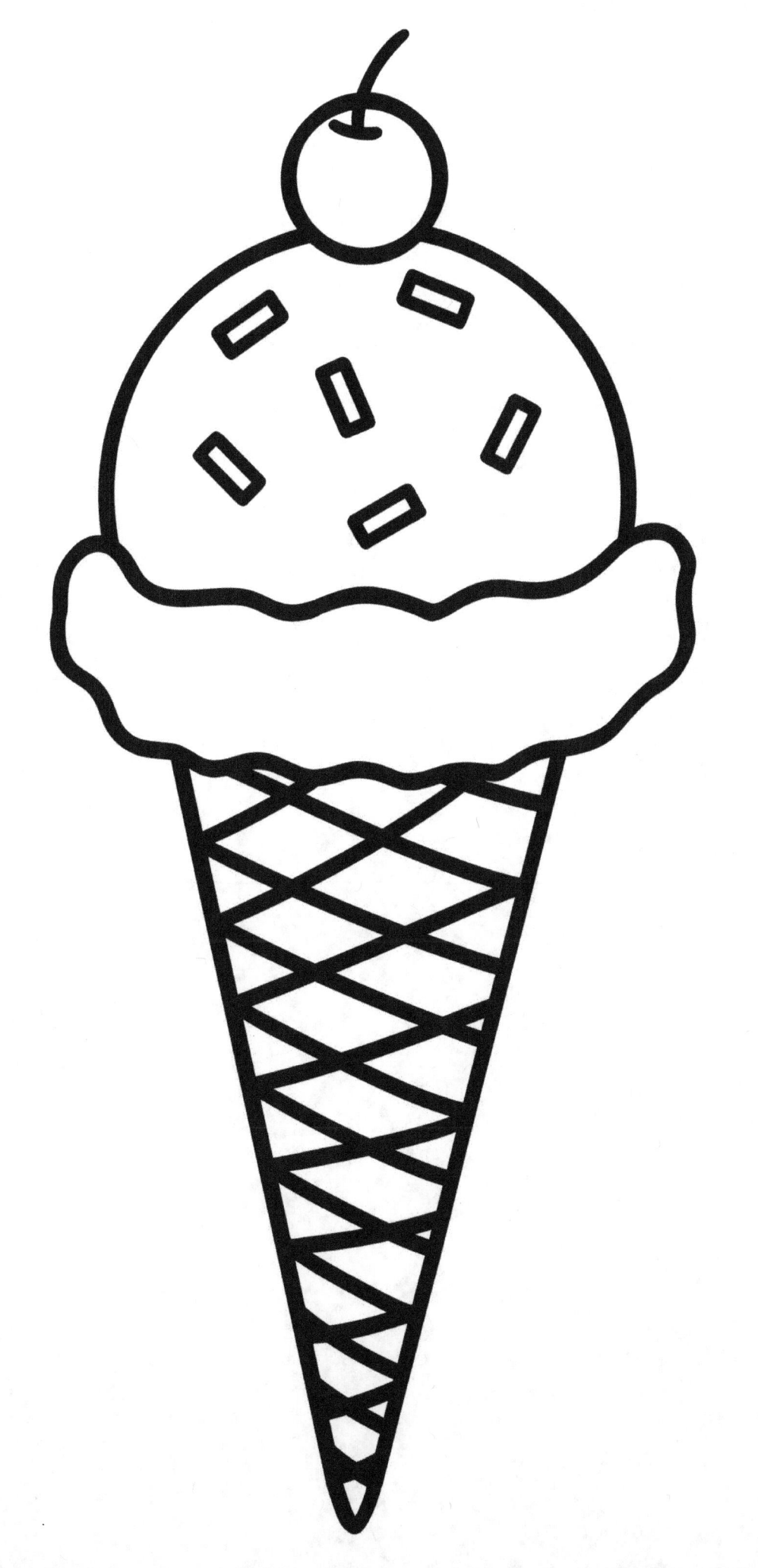

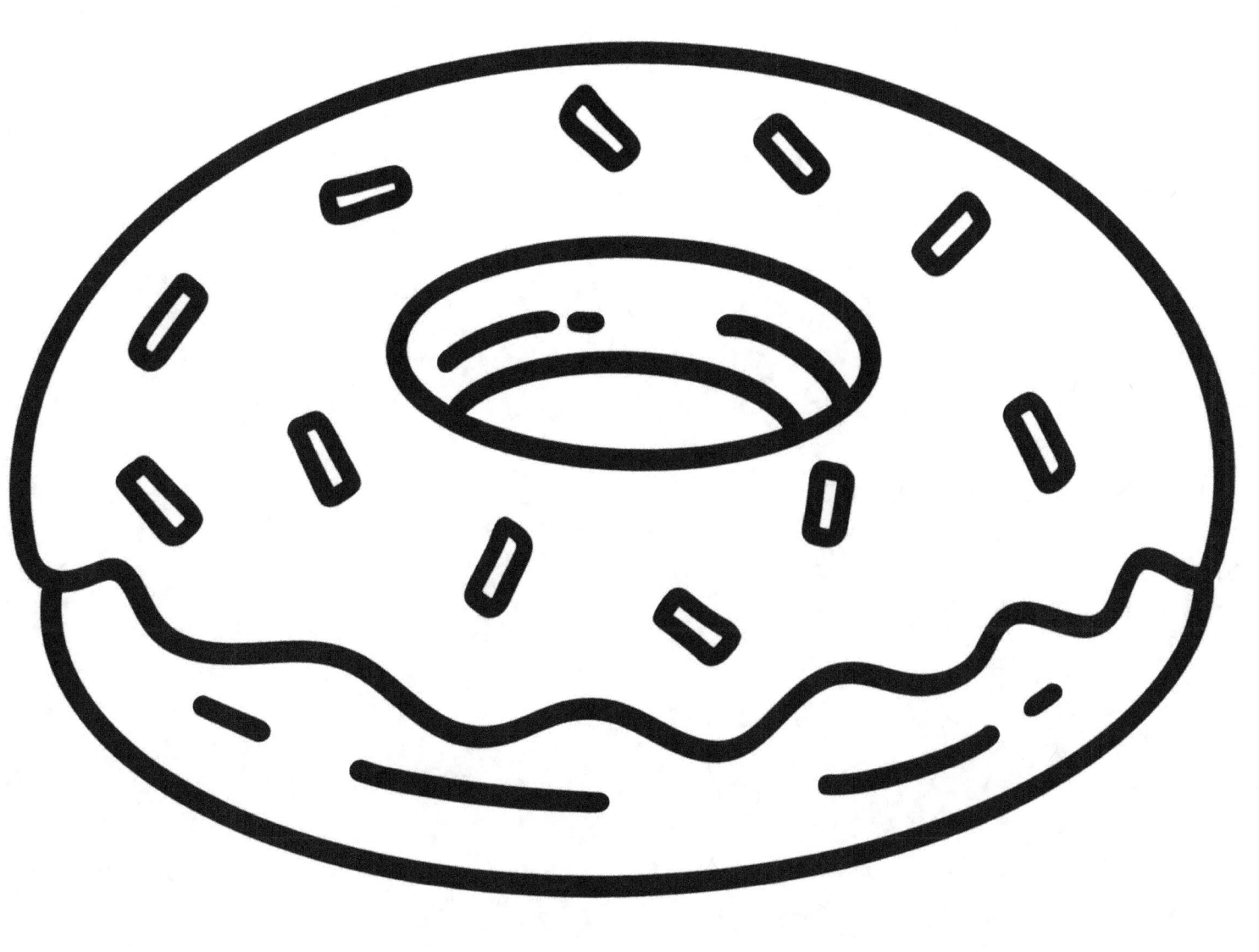

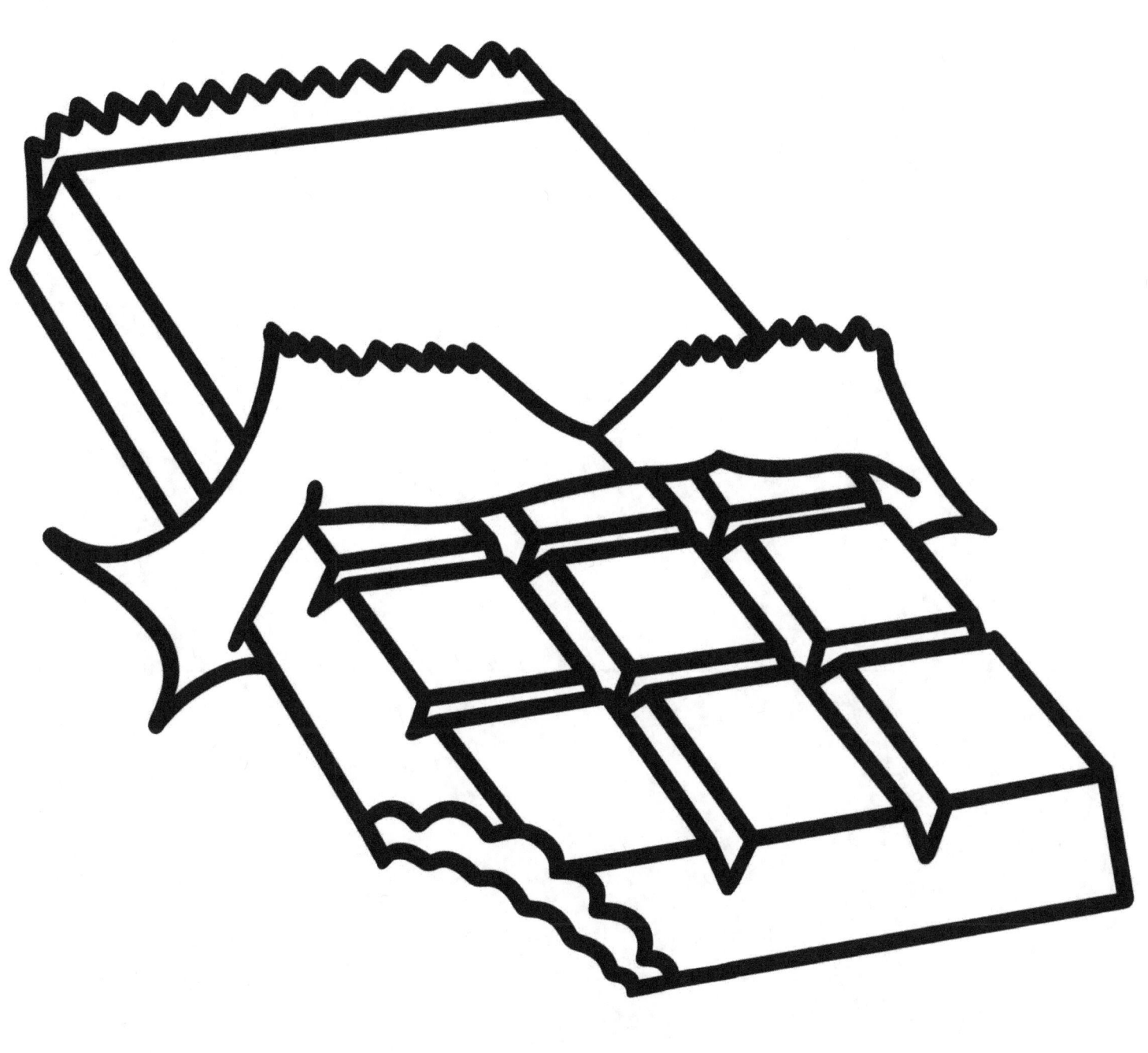

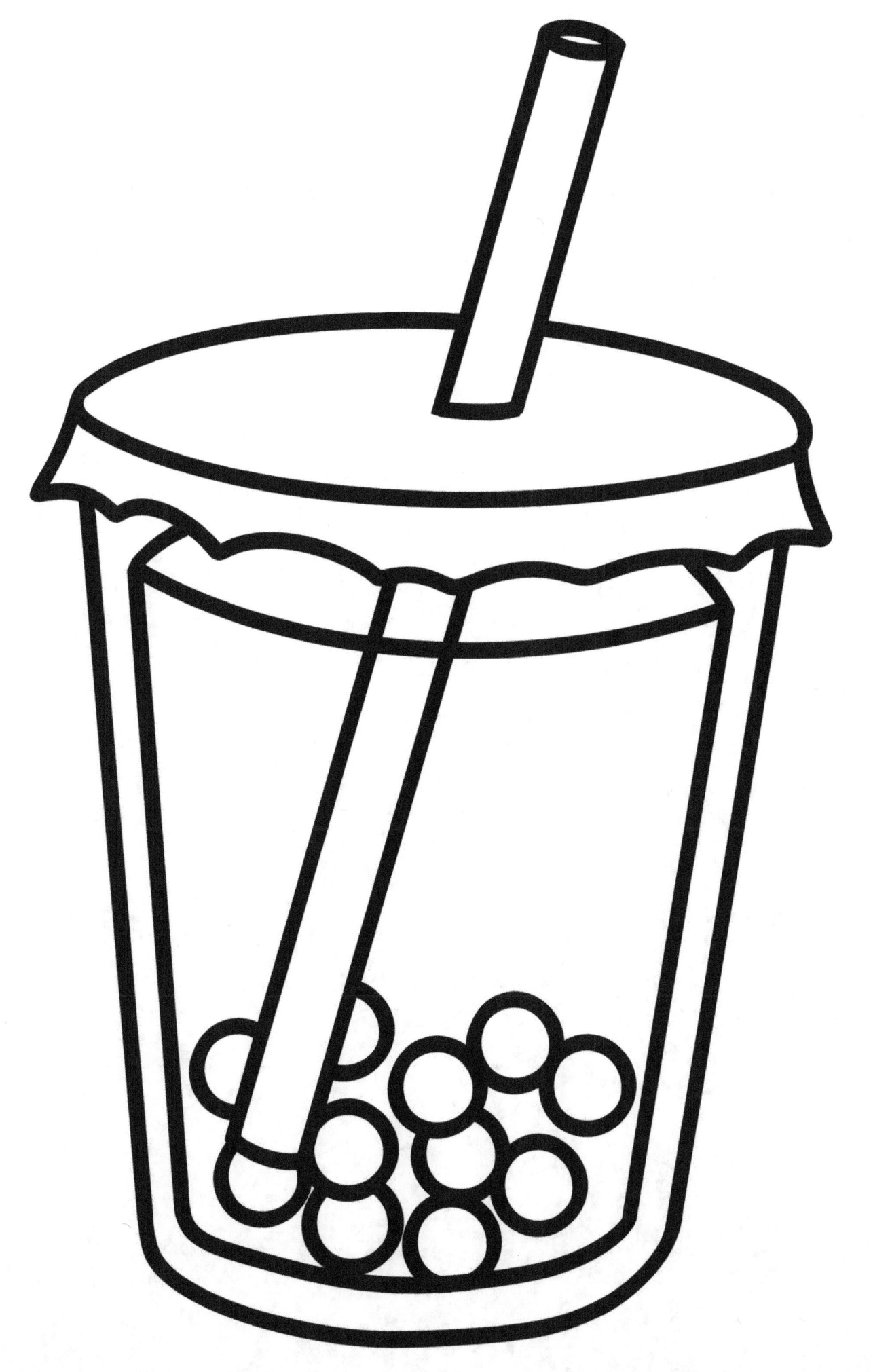

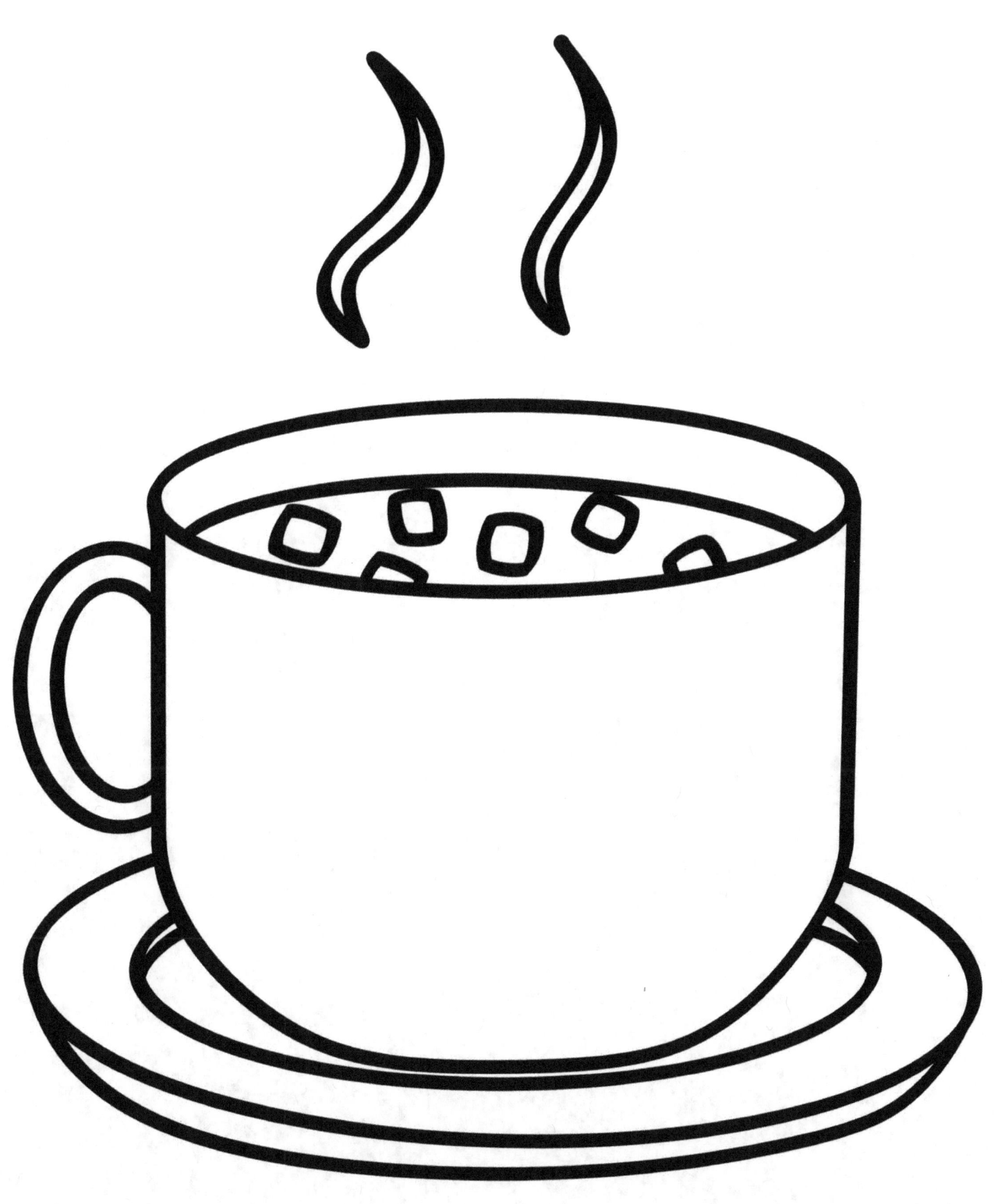

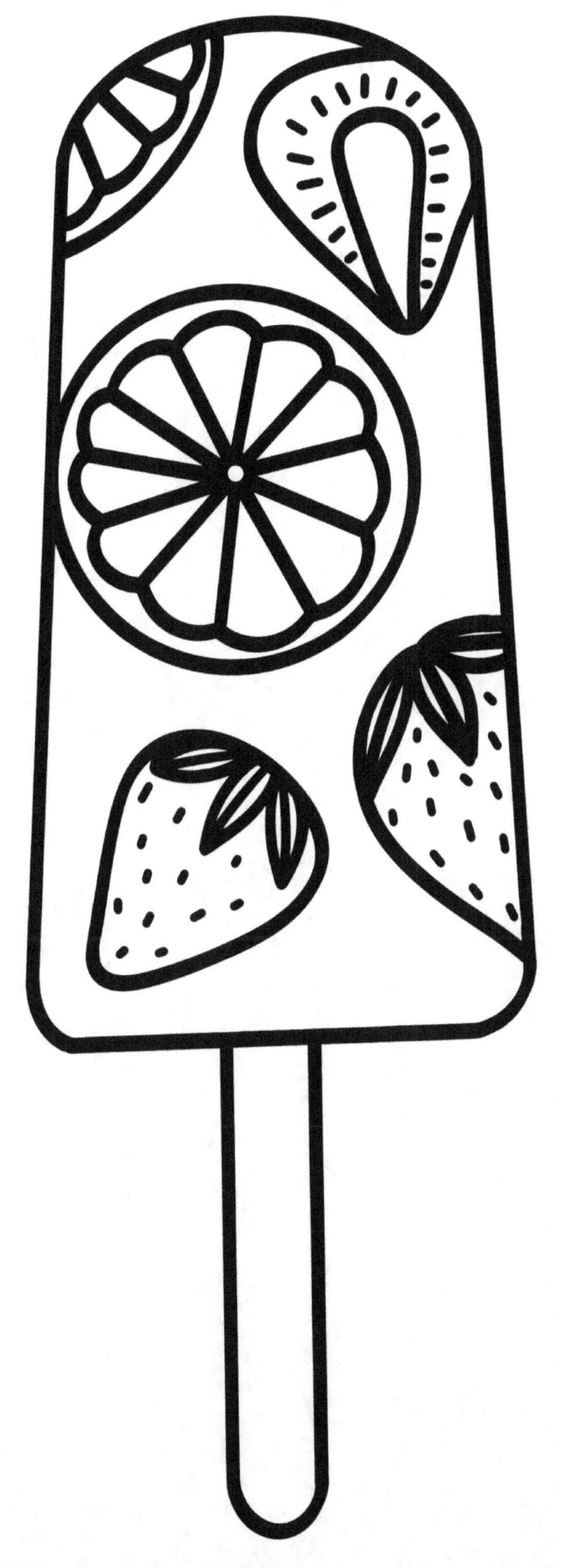

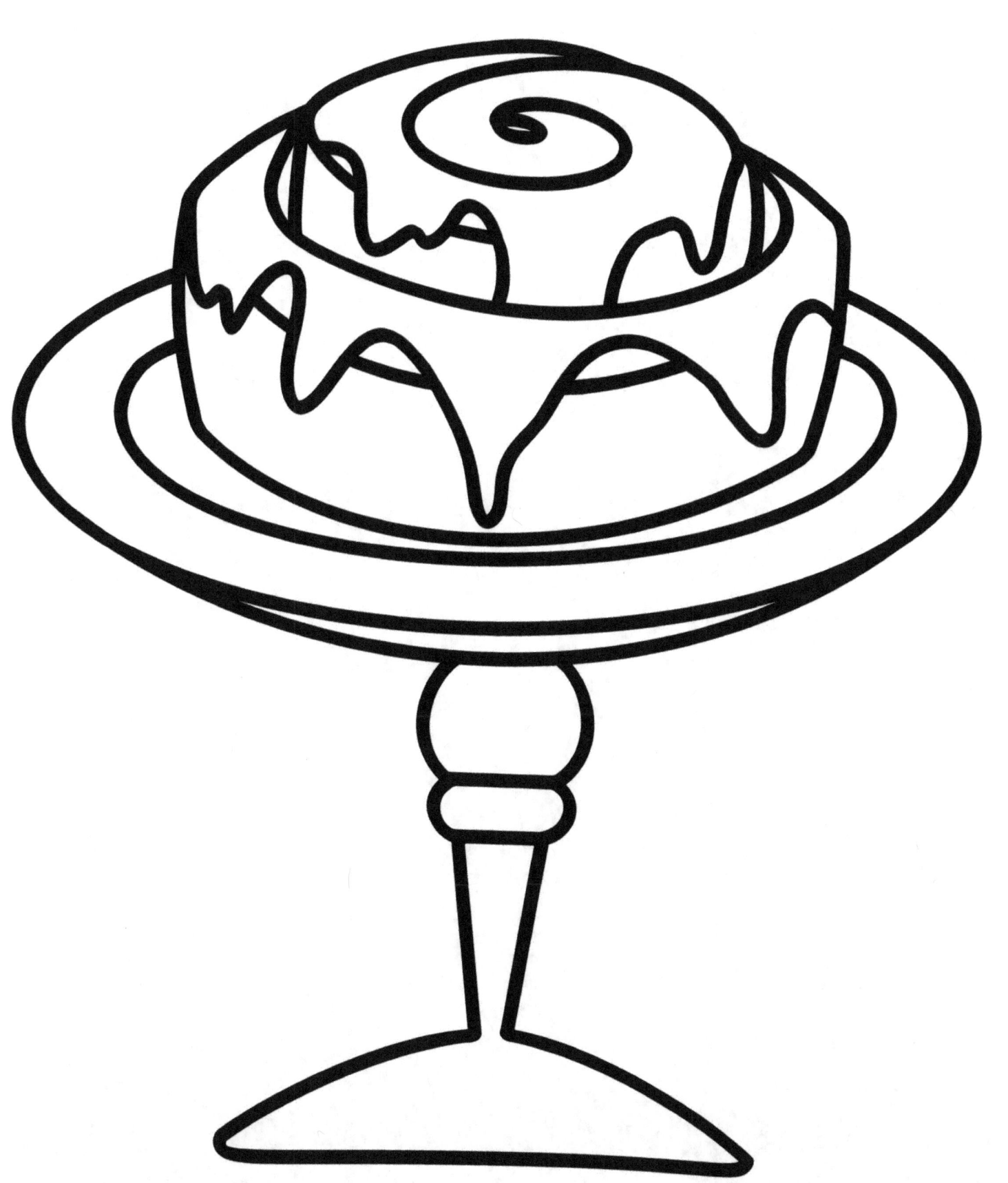

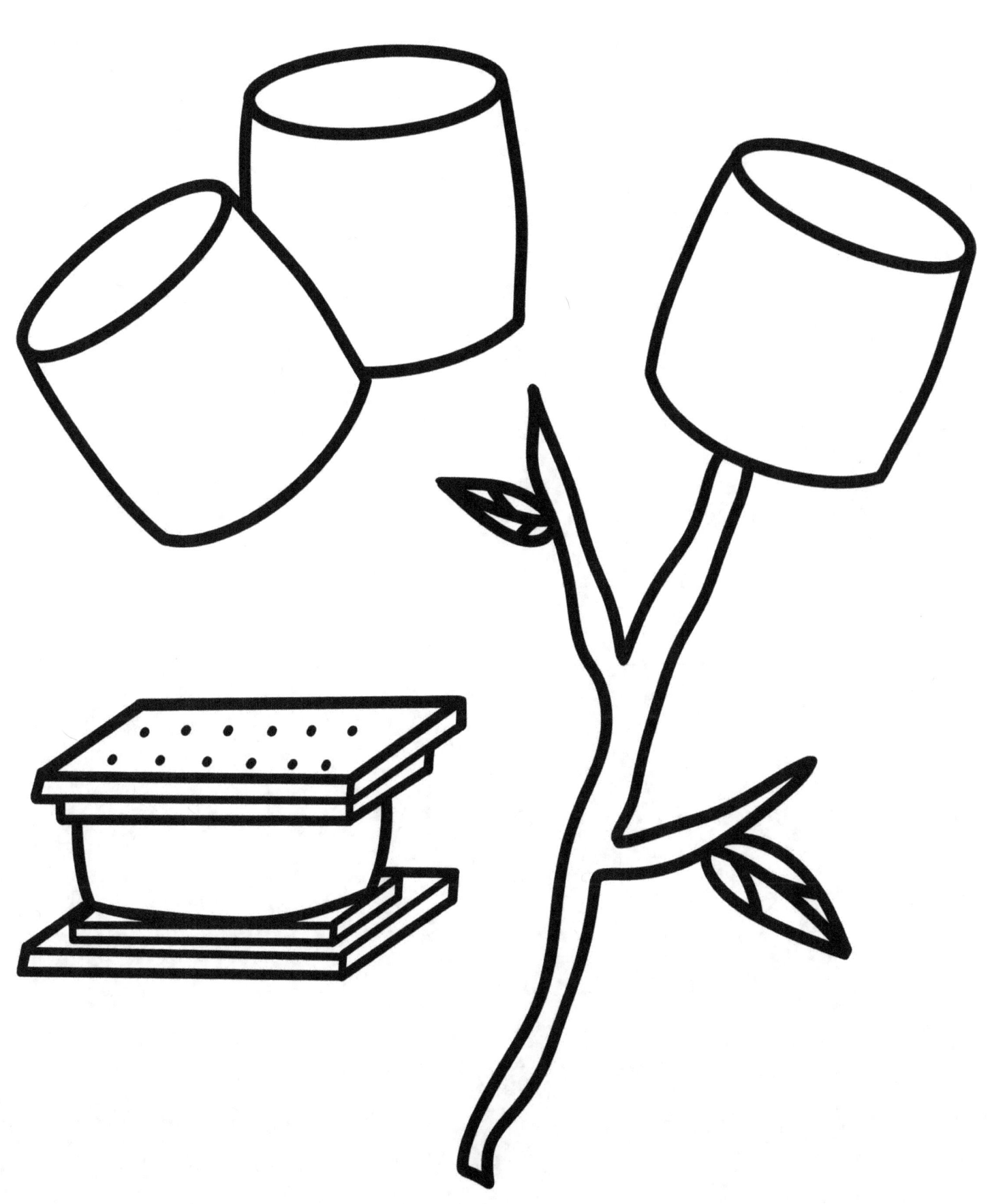

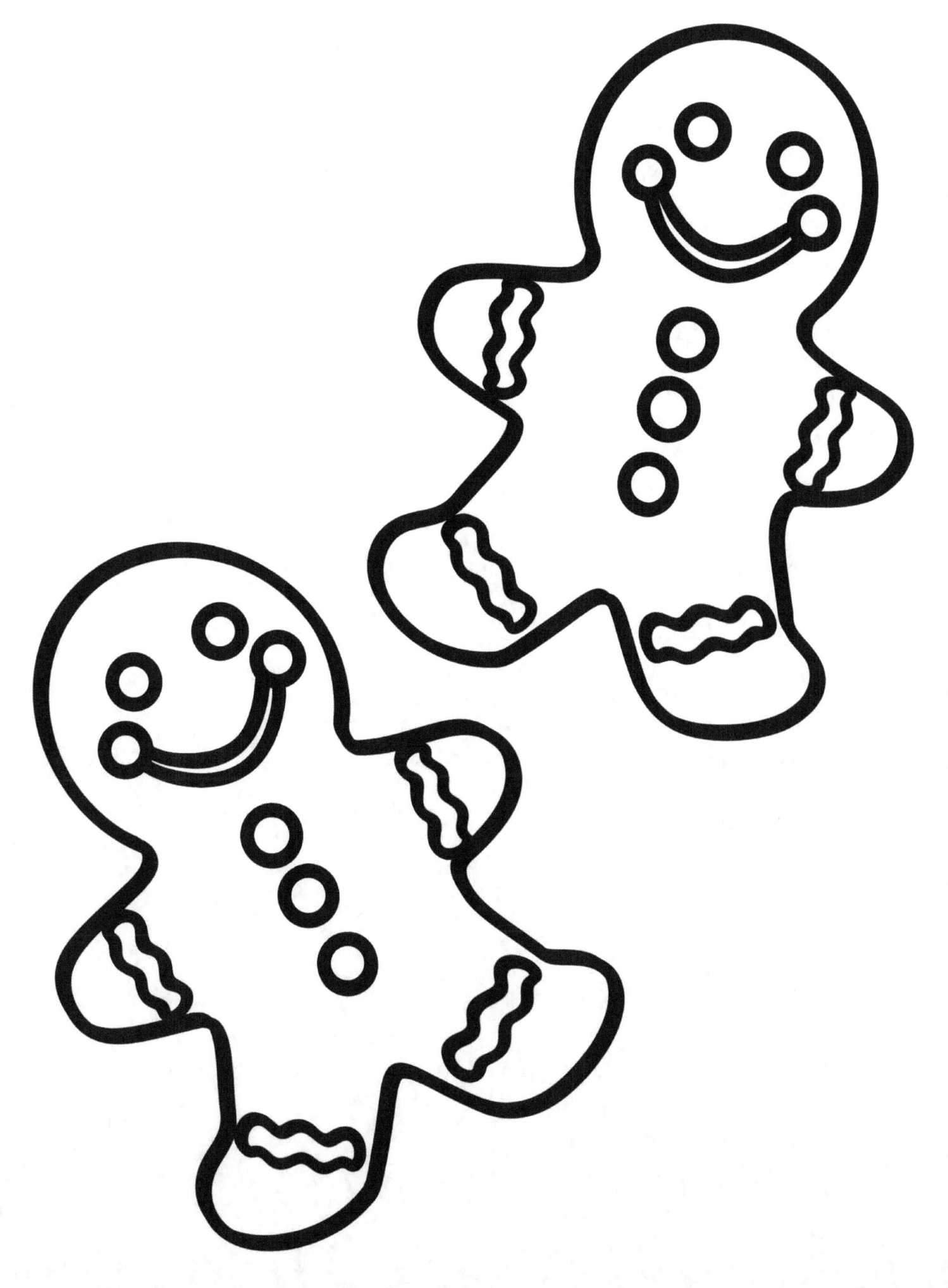

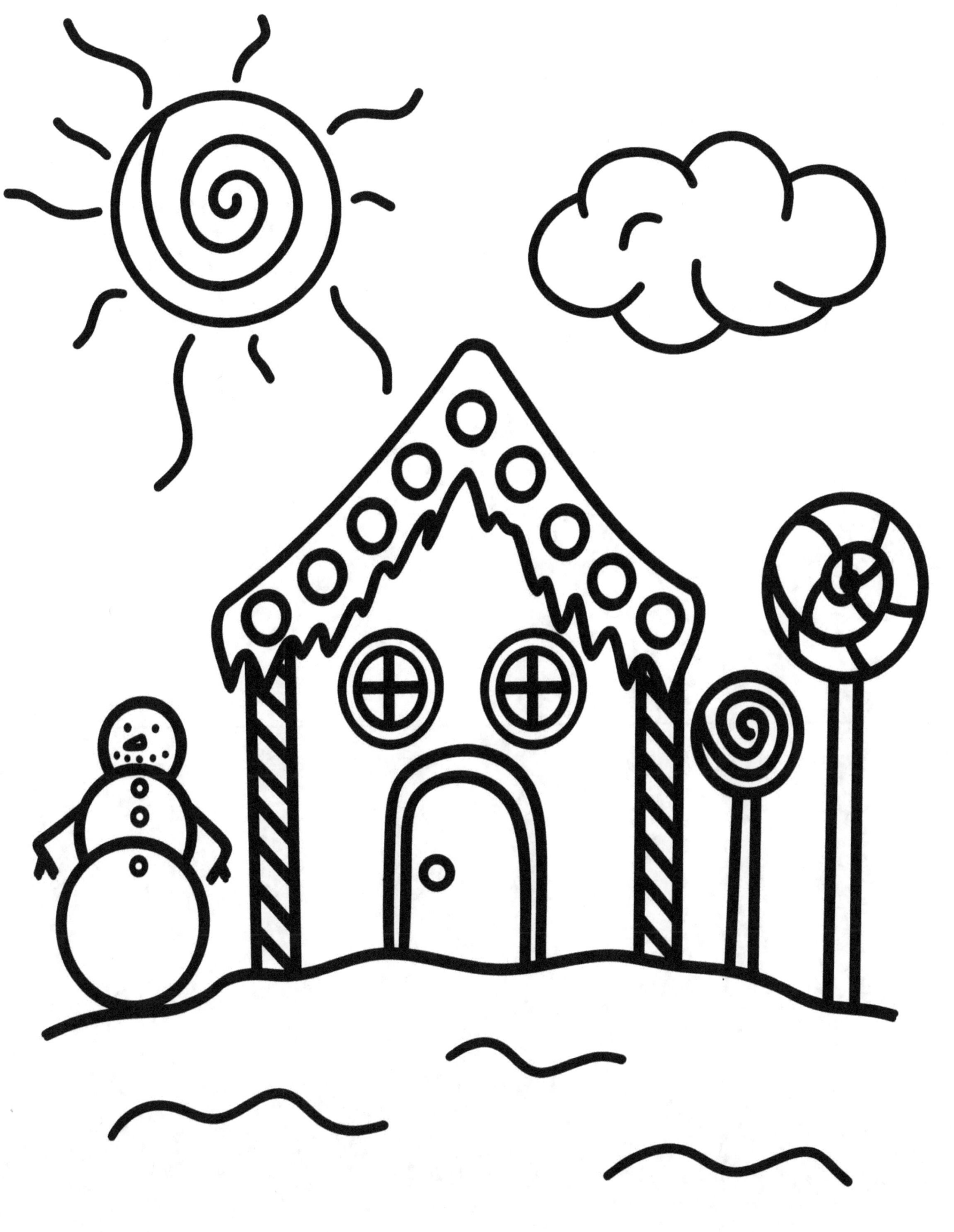

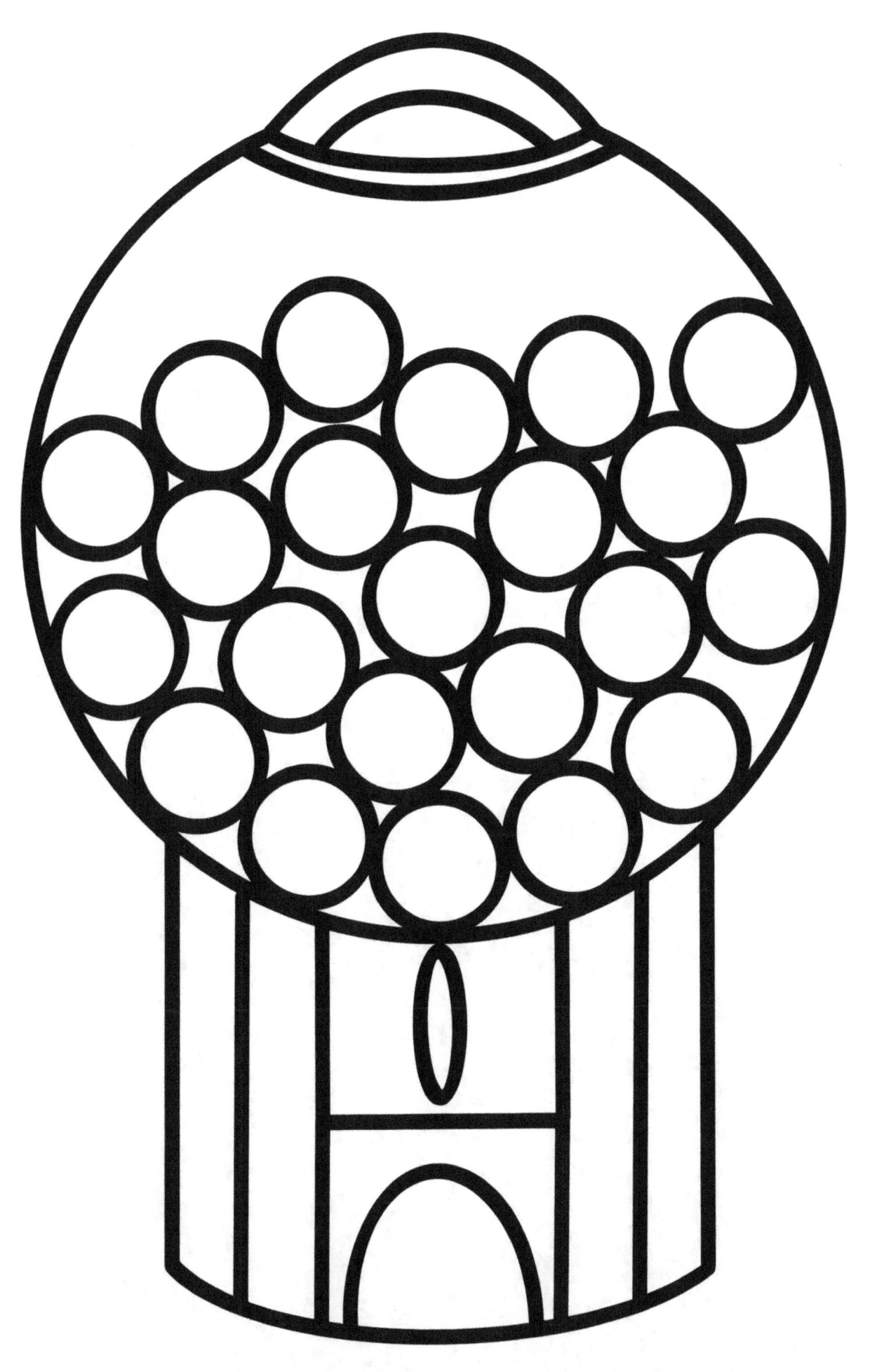

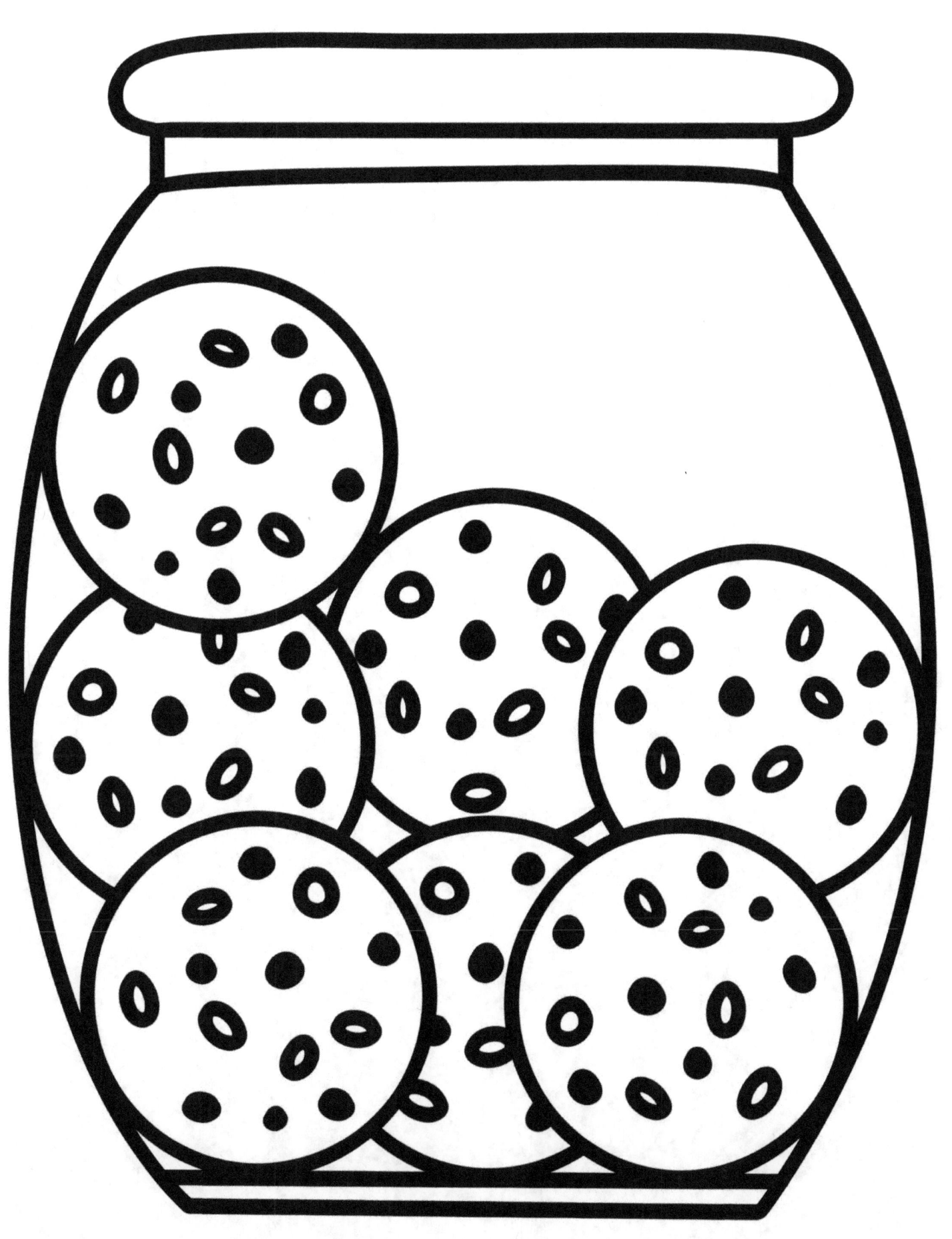

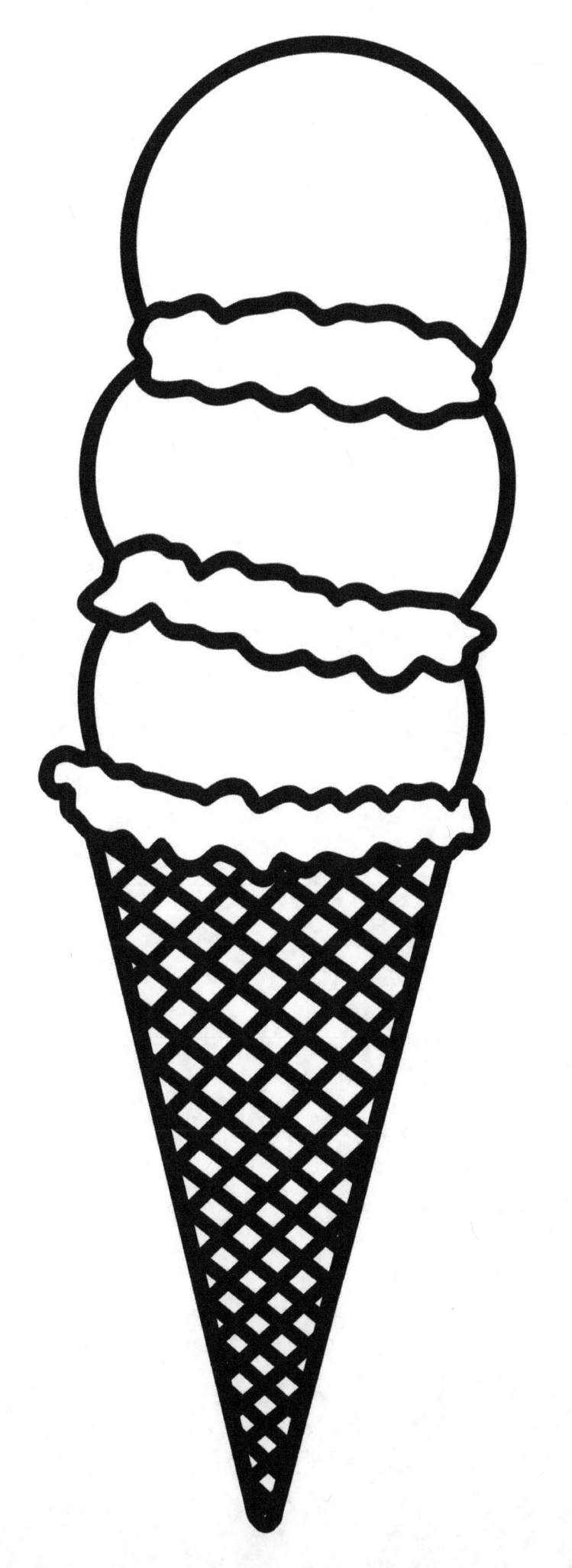

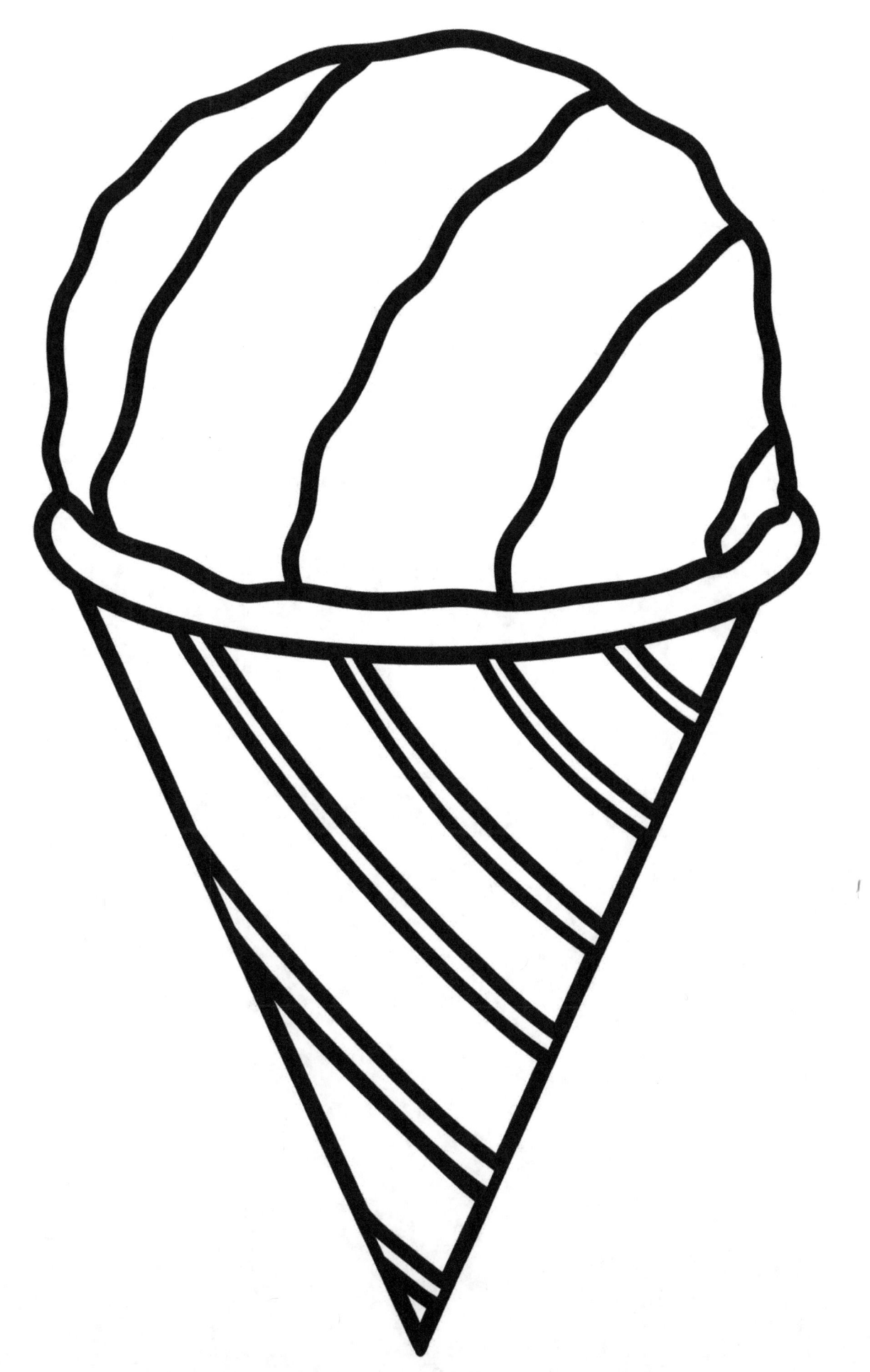

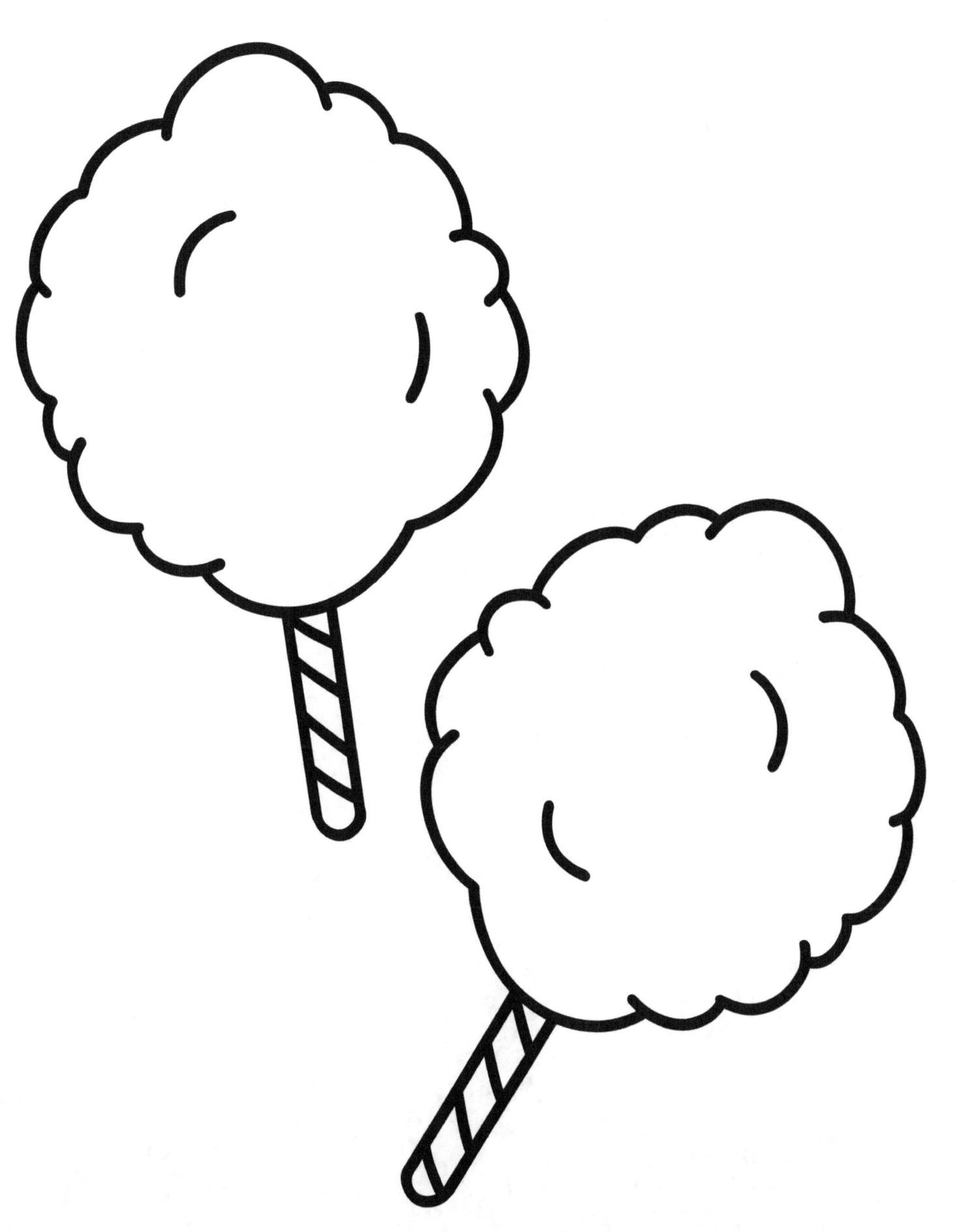

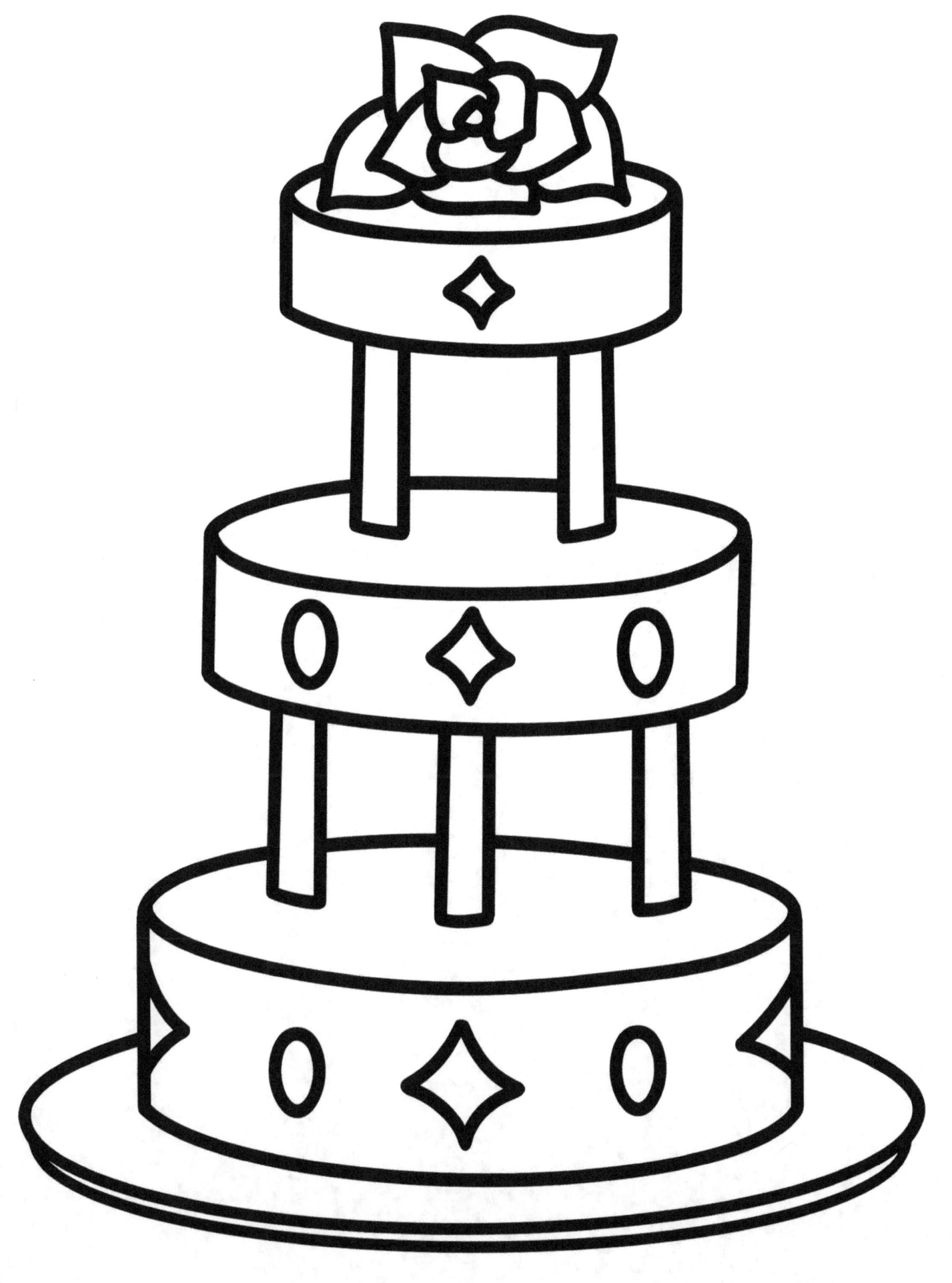

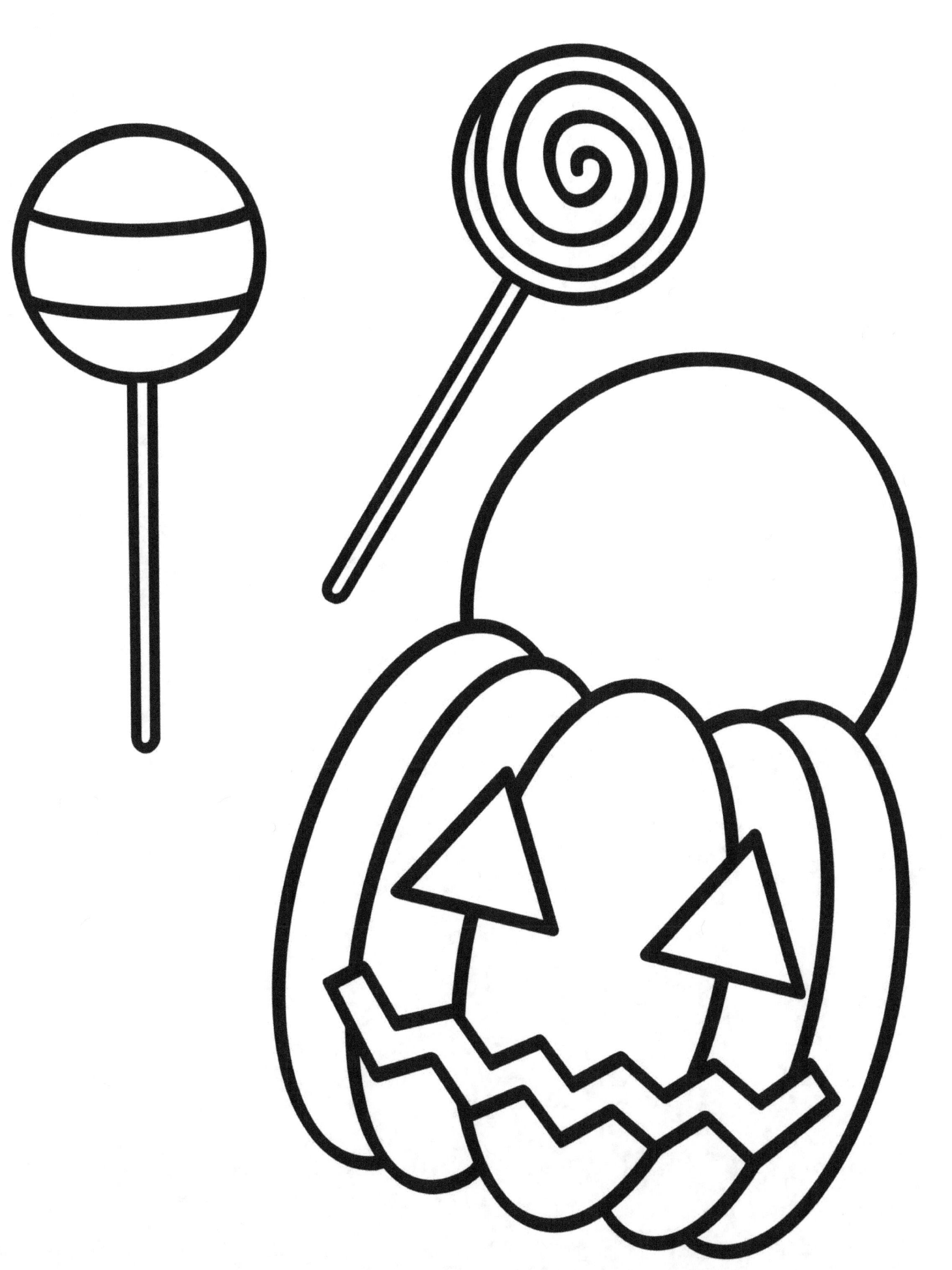

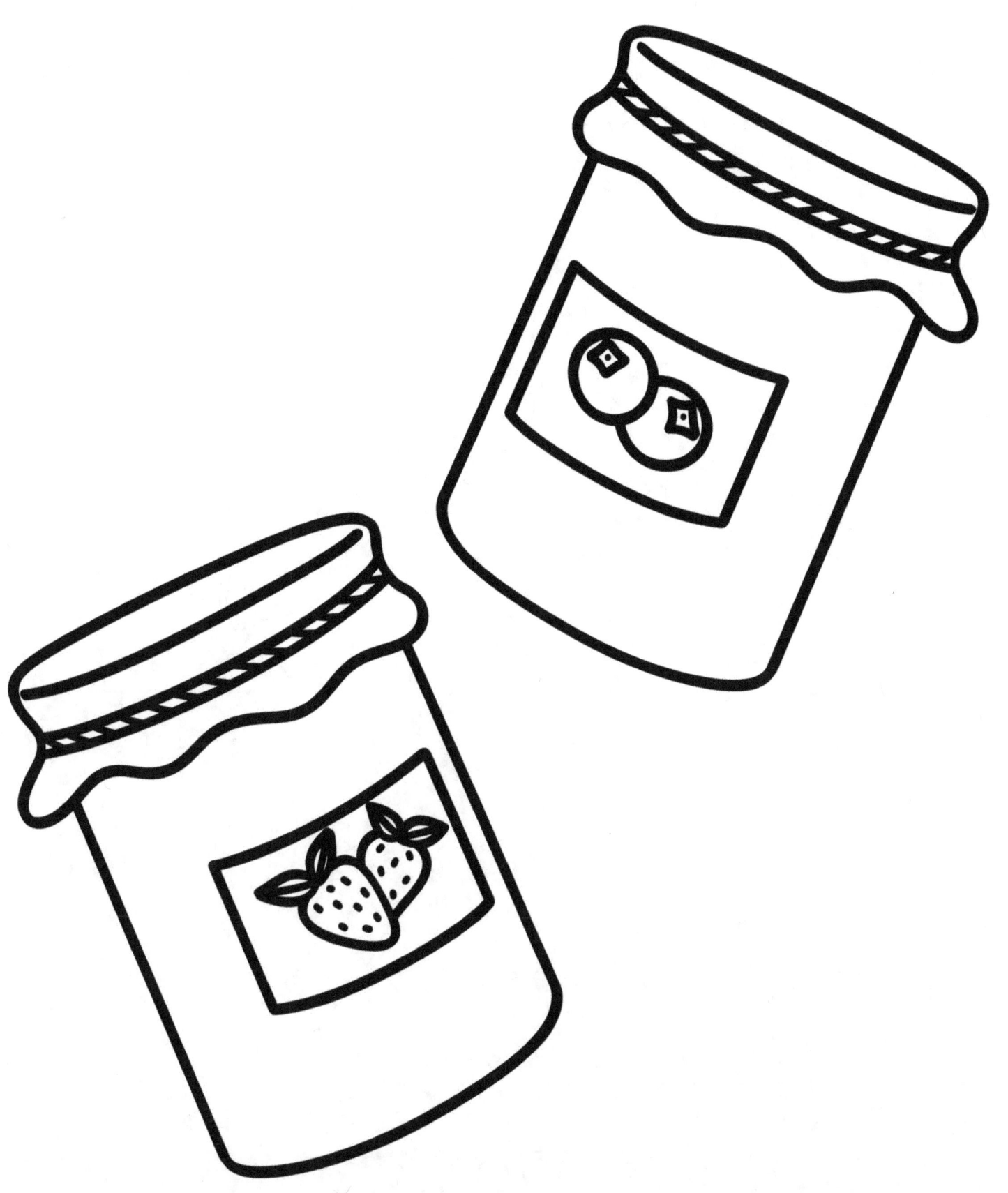

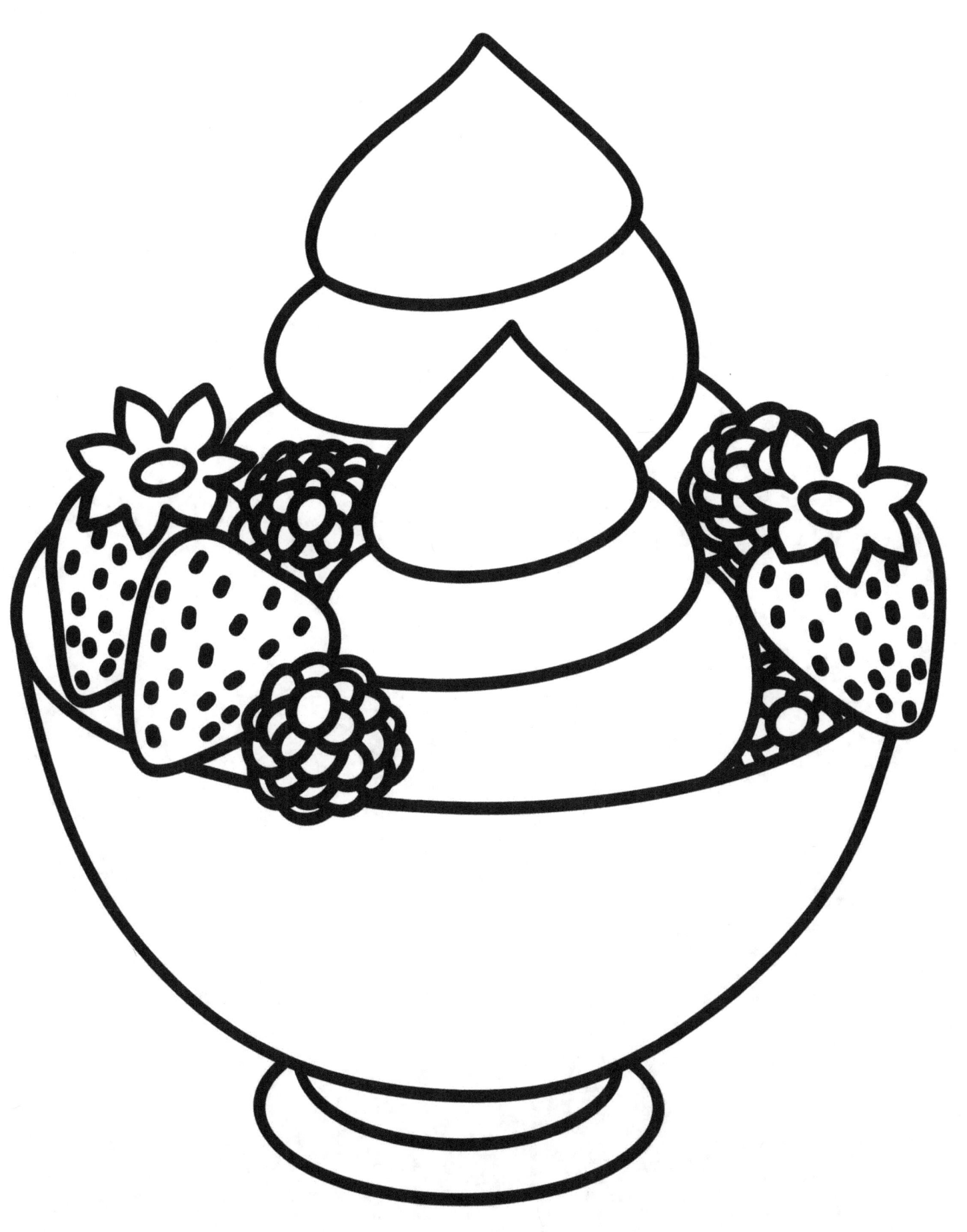

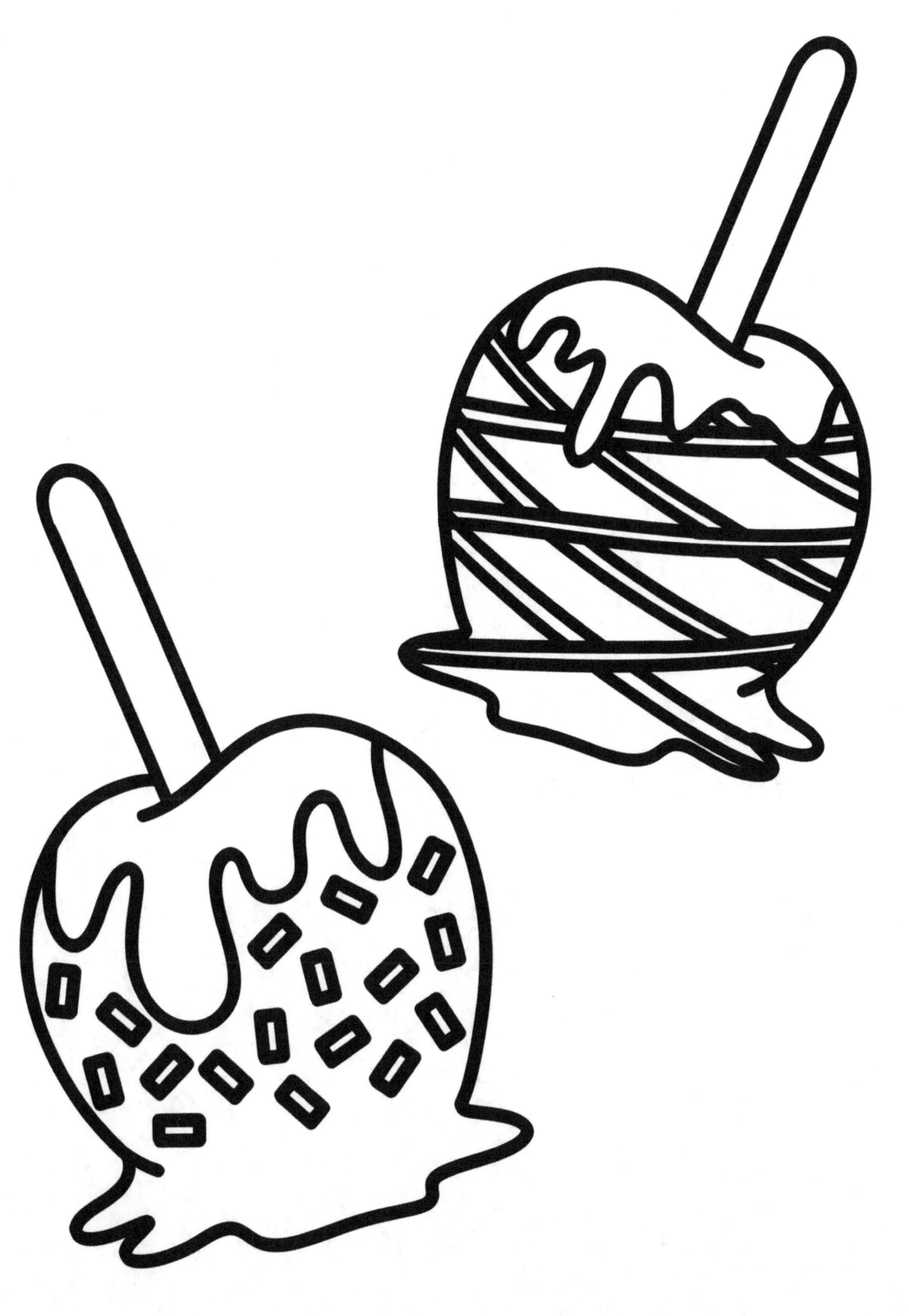

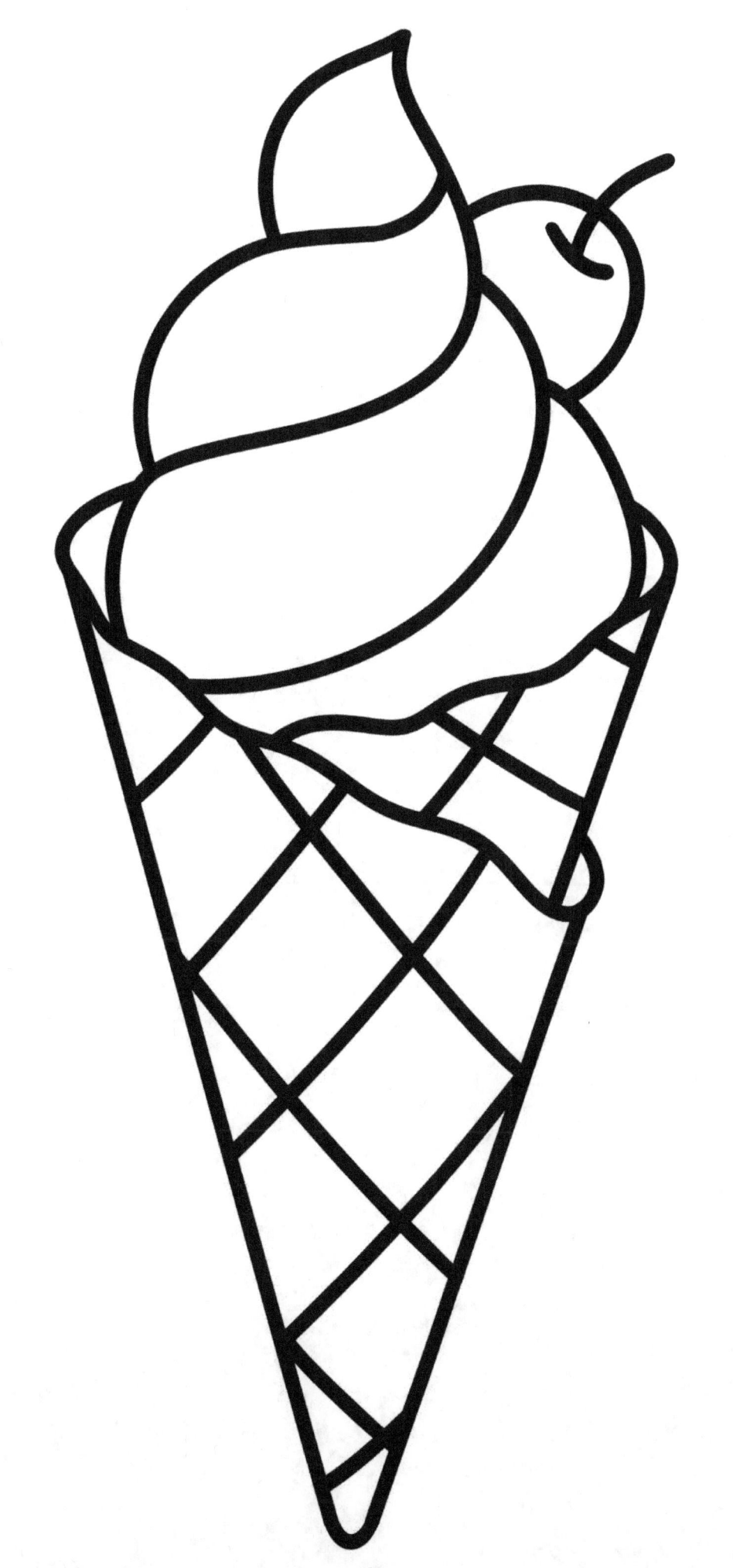

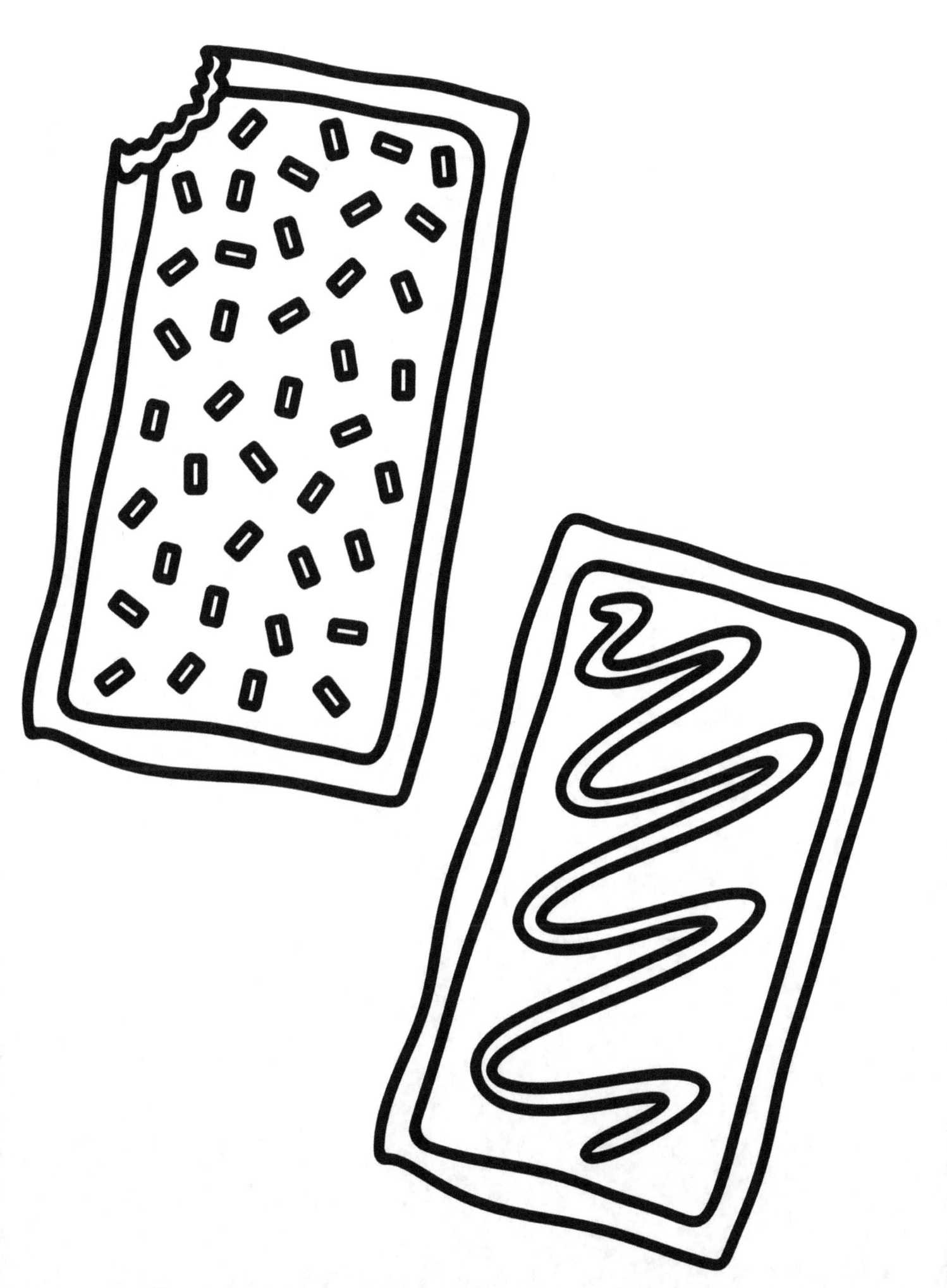

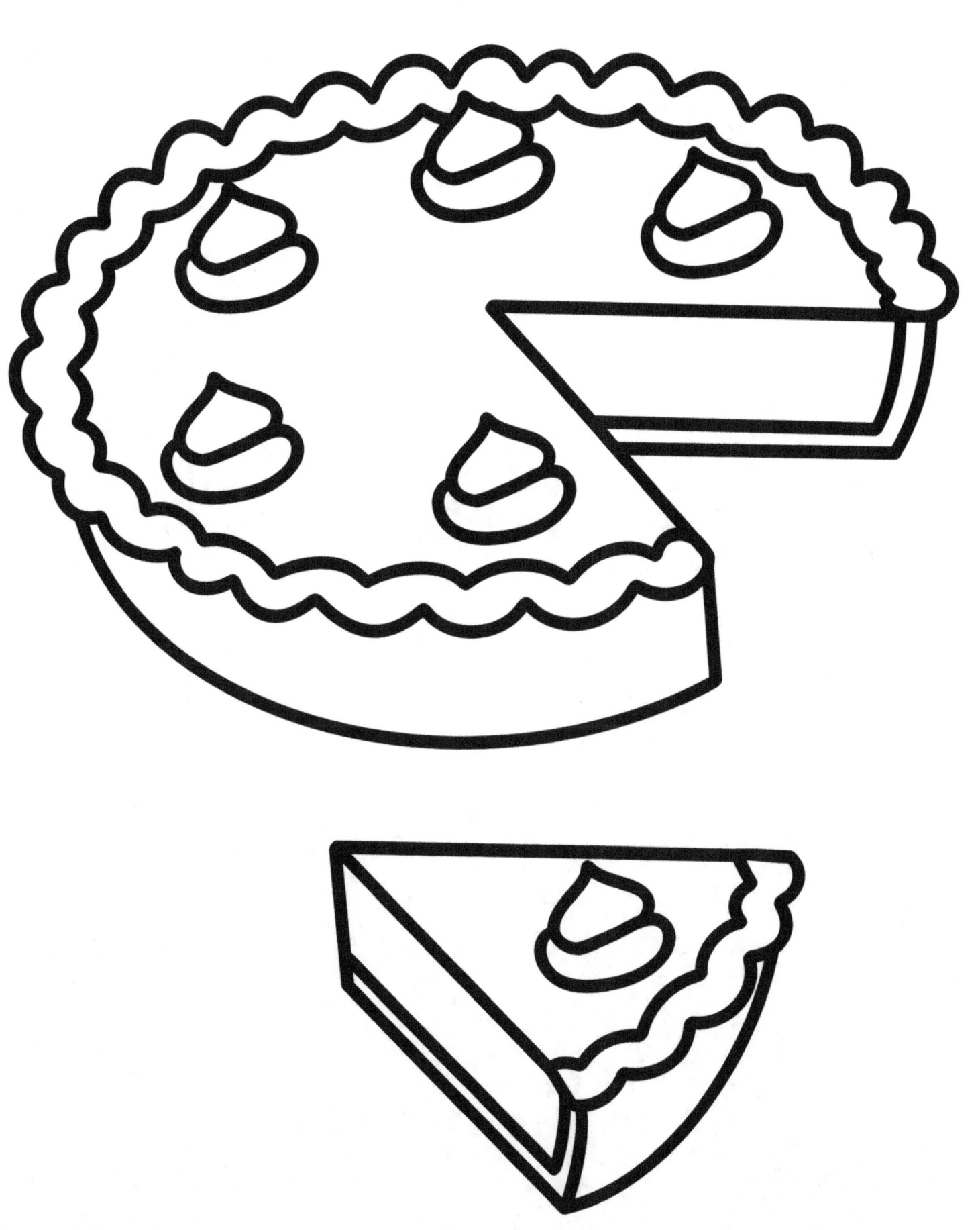

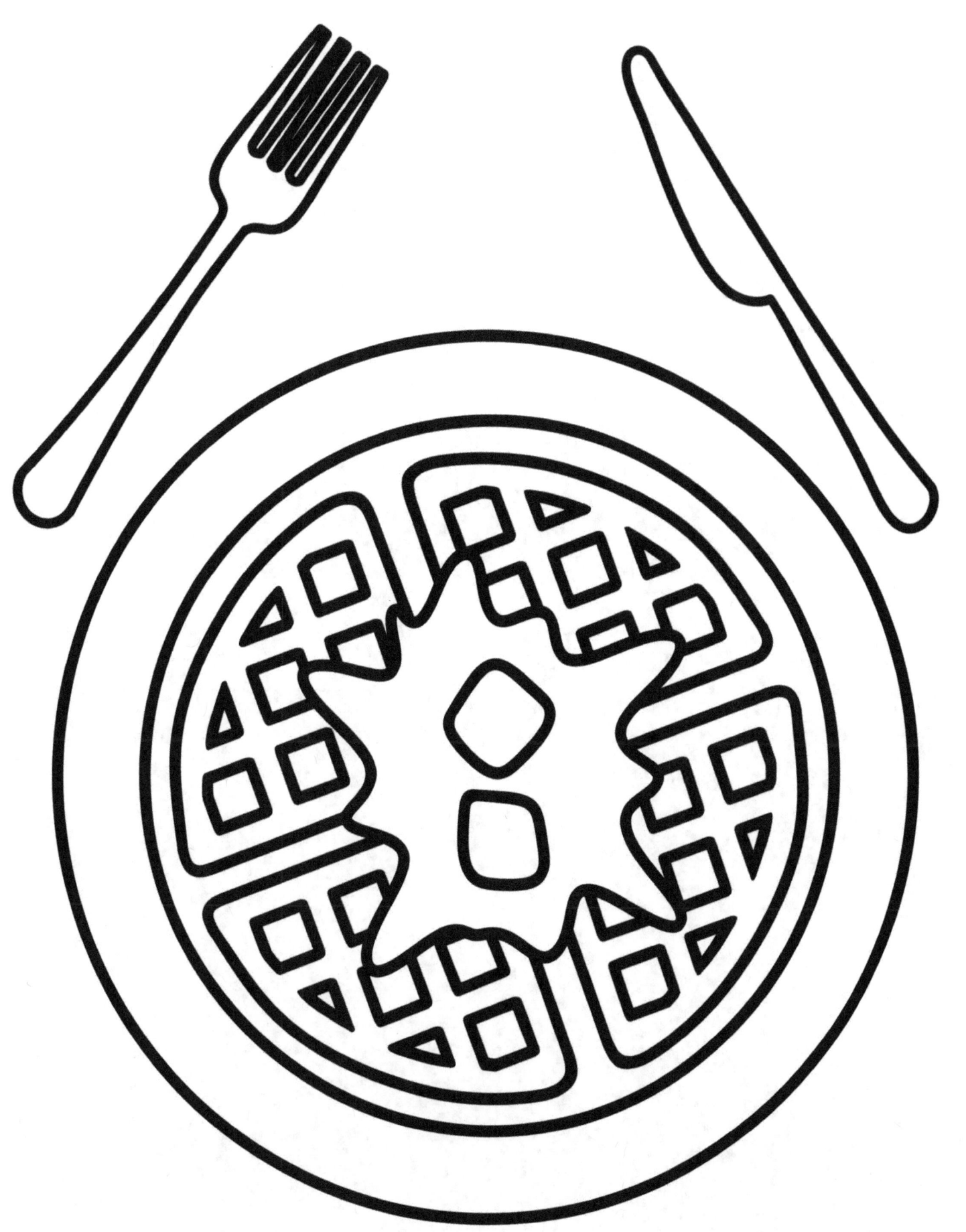

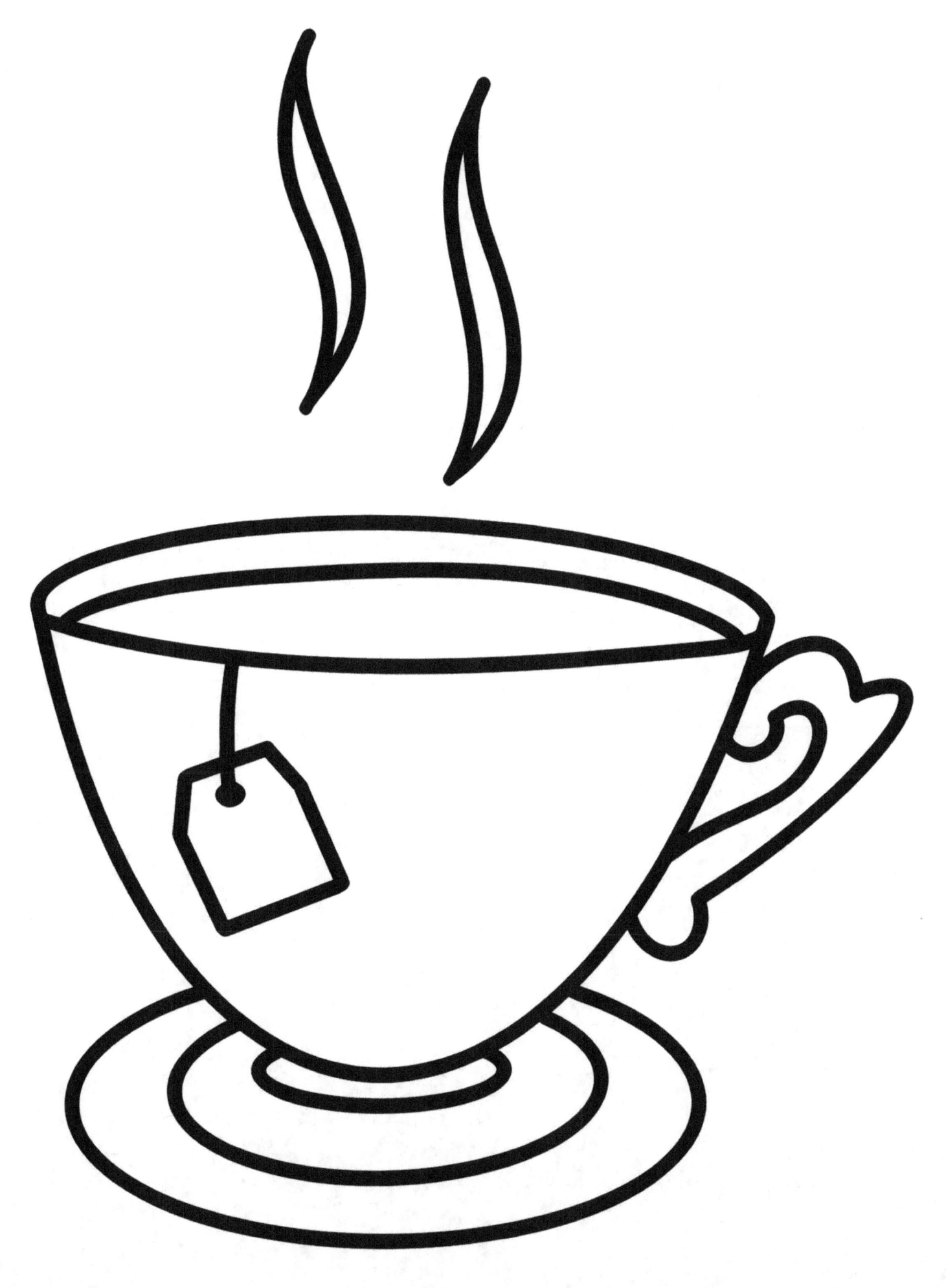

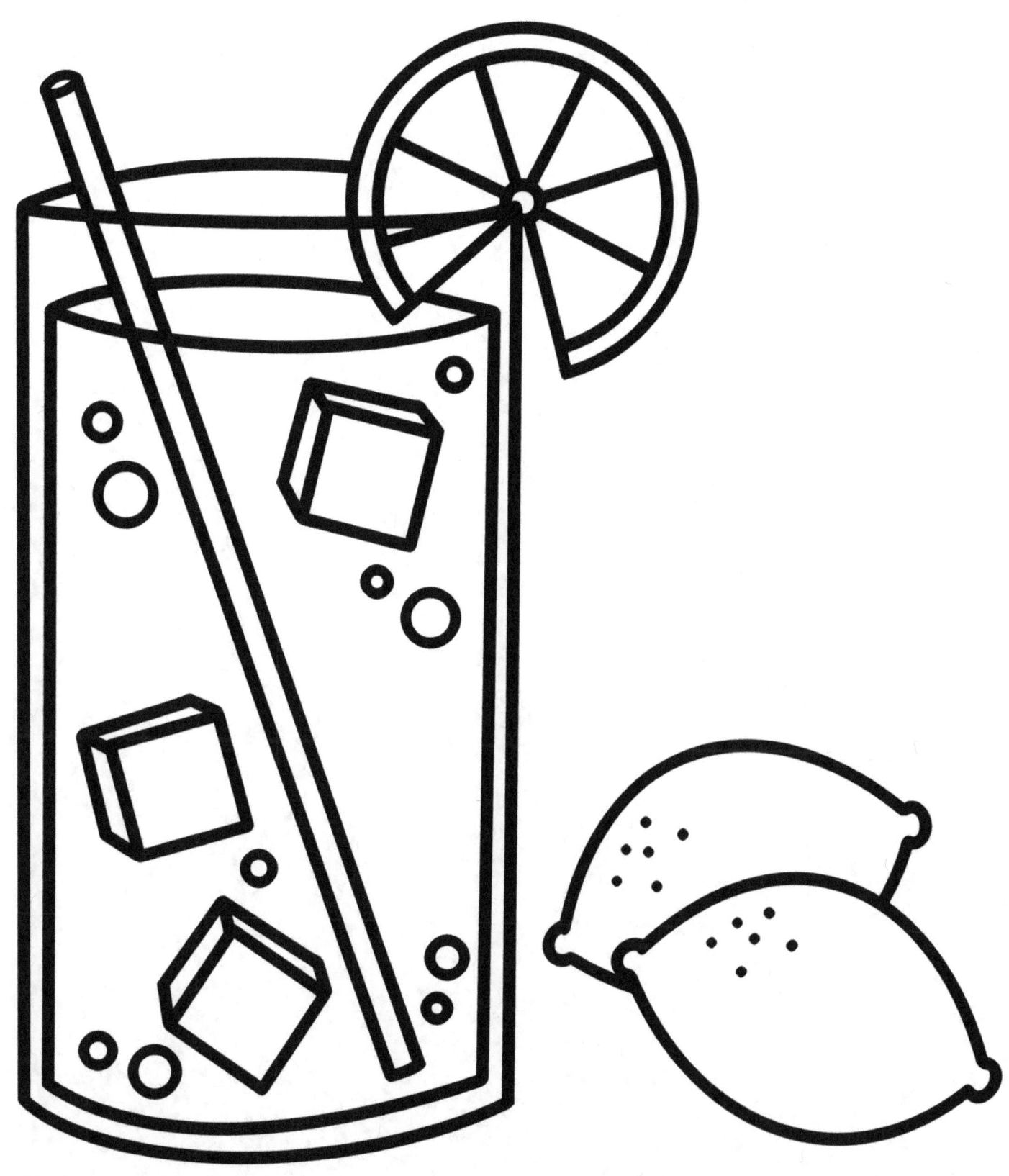

www.ingramcontent.com/pod-product-compliance
Lightning Source LLC
Chambersburg PA
CBHW080419290526
45791CB00008BA/2345